DON BOSCO
VERLAG

Hans Gärtner

Spaß an Büchern!

Wie Kinder Leselust bekommen

DON BOSCO

Die Deutsche Bibliothek – CIP-Einheitsaufnahme

Gärtner, Hans:
Spass an Büchern! : wie Kinder Leselust bekommen /
Hans Gärtner. – München : Don Bosco, 1997
ISBN 3-7698-0893-2

Lizenzausgabe für den St. Michaelsbund, München

1. Auflage 1997/ISBN 3-7698-0893-2

Umschlag und Illustrationen: Margret Russer
Foto Umschlagrückseite: Klaus Brenninger
Satz: Fotosatz Miehle, Augsburg
Druck und Weiterverarbeitung: Salesianer Druck, Ensdorf

Gedruckt auf chlorfrei gebleichtem, umweltfreundlichem Papier

Inhaltsverzeichnis

Statt eines Vorworts:

Eine Gespenstergeschichte

Ein Gespenst geht um im Land. Es gibt wohl kein Haus, in dem es nicht wohnt. Es erschreckt alle. Es droht, sich einnisten zu wollen. „Das ist ja furchtbar“, sagen die einen. „Wie soll das werden?“ fragen die anderen. Keiner weiß so recht, woher es kommt, dieses Gespenst. Manche sagen, es kommt vom Fernsehen. Einige behaupten, es kommt aus der Multimedia-Welt mit ihren Videos, Gameboys und Computer-Spielen. Wieder andere glauben zu wissen, daß es ein echtes Kind unserer Zeit ist mit ihrer Hektik, mit ihrem Streß, mit ihrer rastlosen Sinnsuche, mit ihrer Lust an Zerstreuung, Berieselung und raschem Szenenwechsel.

Das Gespenst heißt Lesefrust.

Die Leute lesen nicht mehr gern. Und wenn sie lesen, dann nur das Notwendigste, die sensationellen Nachrichten in der Zeitung, ein Backrezept, den Fahrplan, das Fernsehprogramm im TV-Magazin. Aber Bücher, ganze Bücher – dazu haben sie keine Zeit. Keine Lust. Keine Ruhe.

Bücher, sagen diese Leute, sind dick, viel zu umfangreich. Und schwierig zu beschaffen. Und zu teuer. Außerdem brauchen sie Platz und Pflege. Schließlich sagt einem niemand, welches Buch das richtige ist. Es gibt ja viel zu viele. Über solche Meinungen freut sich das Gespenst. Man kann es richtig kichern hören. Ein gemeines Lachen. Hinterhältig, ätzend. Gefährlich.

„Wenn das Gespenst Lesefrust nicht bald verschwindet, schreckt es noch die Kinder", sagen wenige. Und sie hoffen insgeheim, daß es gelingt, wenigstens die Kinder vor dem Gespenst Lesefrust zu bewahren.

Denn die Folgen, die das Gespenst anrichtet, sind schlimm. Wenn die Kinder nicht mehr lesen, verarmt ihre Phantasie, verkümmert ihre Sprache, verkürzt sich ihr Denken, schrumpft ihr Verstand, entfalten sich ihre Interessen nur ansatzweise, wird ihre Neugier nicht gestillt, bringen sie sich selbst um ein Stück Leben, das zum Schönsten gehört, was einem Menschen geschenkt wird.

So schwer, wie es scheint, ist es gar nicht, das Gespenst Lesefrust zu vertreiben oder besser noch: es gar nicht erst entstehen zu lassen. Kinder sind leicht für etwas zu gewinnen, was ihnen Freude, Spaß, Vergnügen, Lust bringt. Leselust statt Lesefrust.

Das könnte ein Motto für jedes Kind sein. Die Eltern und Erzieherinnen müßten es nur Wirklichkeit werden lassen, dieses Motto. Voraussetzung dafür ist, zu wissen, wie die Kinder auf den Weg zu bringen sind, der zu Leselust führt.

Dieser Weg ist in Etappen zu gehen, jede Etappe wiederum Schritt für Schritt. Langsam und geduldig. Ohne Hast, ohne Druck. Doch mit klaren Zielen.

Kein Kind wird von heute auf morgen ein begeisterter Leser. Dazu braucht es Zeit. Doch unbedingt gute Angebote, Ermunterung und manchmal sogar Anschub.

Und ganz wichtig: die richtigen Bücher zur richtigen Zeit. Von Anfang an Bücher. Mutter und Vater sind die ersten Begleiter des Kindes auf dem Weg zum lesenden Wesen Mensch. Sie bleiben es lange, ziehen dann die Erzieherin, später Lehrerin und Lehrer der Grundschule hinzu, so lange, bis das Kind den Weg als Leserin oder Leser allein gehen kann, bis aus dem Kind ein selbständiger Leser geworden ist. Daß diese „Wegbegleitung" für Lehrende ebenso wie für Lernende Spaß bedeuten kann, will dieses Buch beweisen.

Huuuuh! Jetzt zischt es ab, das Gespenst. Hoffentlich für immer!

1. Die Zeit der ersten Bilder(Bücher)

Was Kleinkinder zu ihrer Entwicklung brauchen

Niemand wird leugnen wollen, daß Babys ohne gesunde Nahrung nicht groß werden und sich nicht entwickeln können. Die meisten wissen, daß die Muttermilch alle nötigen Nährstoffe, Vitamine und Mineralstoffe enthält, die ein Kind in den ersten Lebensmonaten braucht. Viele haben heute auch die Bedeutung des Stillens für das Wohl eines Säuglings erkannt: Hautkontakt und das Gefühl der Geborgenheit werden durch das Stillen ermöglicht, die emotionale Bindung zwischen Mutter und Kind wird grundgelegt und sogar ein erster Schritt in Richtung „gesunde Intelligenzentwicklung" wird dadurch getan.

Gegenstände werden entdeckt

Ein zweiter Schritt folgt, indem das Baby mit geeigneten Gegenständen aus seiner allernächsten Umgebung umgehen darf: mit Kochlöffel und Pappbecher, Schachtel und Topf, Papier und Holzbrettchen. Oft ist der Umgang mit diesen und vielen anderen Sachen aus Küche und Haushalt wenig schonend. Töpfe erhalten kräftige, laute Schläge. Papier wird in den Mund genommen, Schachteln werden zerrissen. Die Entdeckungsreise in die Welt der Gegenstände ist durchaus lärmend und rücksichtslos. Babys und Kleinkinder wollen alles ausprobieren, Funktionen erproben, die Dingwelt „in den Griff bekommen": durch Anfassen und Werfen, Drücken und Riechen, Aufbauen und Zerstören.

Das Lernen beginnt früh

Damit beginnt Lernen. Gleichzeitig mit dem Entdecken des eigenen Körpers und der „leiblichen Realität" der Bezugspersonen setzt der Prozeß des „Ausgreifens in die Welt" der Dinge ein. Materialien werden ertastet und in ihren Qualitäten erfahren. Formen werden erfaßt, Farben wahrgenommen und bald schon unterschieden. Mit vielen Sachen wird herumprobiert, etwa mit dem Gummiball, dem Teddy, der Holzente. Bauklötzchen sind für die Zwei-, Dreijährigen ebenso wichtig wie Puppe und Stofftier. Diese werden nun nicht mehr nur materiell „erkundet", sondern als Rollenträger spielerisch eingesetzt: Die Puppe wird gefüttert, der Teddy kriegt einen Klaps auf den Po.

Spielsachen sind wichtig – und auch erste Bilderbücher

Zu den Alltagsgegenständen und dem ersten Spielzeug – je „einfacher" von Struktur und Material, desto förderlicher für das Kind – muß sich nun auch das erste Bilderbuch gesellen. Keine Frage: Die Grundlagen für alles sinnenhafte, mit Auge, Ohr, Nase, Gaumen und Händen erfaßbare Lernen bilden die konkreten, greifbaren, formbaren, veränderbaren Sachen. Selbst das erste Bilderbuch, ein Pappleporello oder ein Aufstehbuch aus leicht waschbarem, farbig bedrucktem Stoff, wird von einem acht bis zehn Monate alten Kind zunächst vielleicht nicht unbedingt gleich „aufgeblättert" und „angeschaut". Vielmehr betrachtet das Kund sein erstes Bilderbuch als Spielmittel und erfaßt es nicht nur tastend, sondern auch schnuppernd und beißend. Natürlich liegt der Sinn der ersten Bilderbücher nicht einfach in ihrer Vereinnahmung als Spielzeug, wenngleich Kinder ihr Riesenbilderbuch gerne auch so auf dem Boden aufstellen, daß sie wie in ein Haus hinein- oder wie unter einer Brücke hindurchkriechen können. Der Wert der ersten Bilderbücher liegt in den „ersten Bildern", die diese dem Kleinkind visuell darbieten: Apfel und Tasse, Löffelchen und Teller, Ball und Puppe, Kamm und Seife, Mütze und Schuh – die dem Kleinkind allernächsten Alltagsdinge stehen am Anfang.

Beispiel 1

Hermann Wernhard: „Das ist meins"
(Ravensburger, 1971)

Ganz gewöhnliche Dinge aus dem Kinderalltag „be-greifen"

In Hermann Wernhards Pappbüchlein „Das ist meins" sind auf fünfmal zwei Seiten Dinge aus einem ganz gewöhnlichen Kinderalltag abgebildet: ein Paar (geschnürte) rote Schuhe – ein blauer Woll-

pullover; eine doppelhenkelige Milchtasse mit gelbem Entchen drauf – ein Löffelchen; ein aus zehn Bauklötzchen unterschiedlicher Form aufgebautes Tor – ein Lastauto mit drei verschiedenfarbigen Bauklötzchen als Ladung; eine Puppe aus Stoff, mit Kleid und Schuhen – ein Holzelefant auf vier Holzrädern und mit Leine zum Ziehen; ein brauner Plüschteddybär mit gelber Halsschleife – ein rotes Holzgitterbett mit weißer Zudecke und weißem Kopfkissen. Wie viele Begriffe dem einjährigen Kind allein in diesem Pappbilderbuch begegnen! Ob es sie alle schon in Wirklichkeit hat „erfahren", „be-greifen" können? In diesem Bilderbuch hat es Gelegenheit, die Dinge zu identifizieren, zu benennen, zu vergleichen: „Meine Puppe ist aber …", „Mein Bett ist auch rot …", „Ich habe keinen Elefanten, sondern eine Ente zum Ziehen …"
Die Gegenstände in Pappbilderbüchern sind so abgebildet, daß sie von Kleinkindern leicht (wieder-)erkannt werden können. Die klare, konturenstarke Form der dargestellten Objekte ist hierfür ebenso ausschlaggebend wie die stimmigen Größenverhältnisse und realistischen Farben, die der Illustrator verwendet hat.

Erkennen – benennen – wiedererkennen

Beispiel 2

Mary Steichen Calderone / Edward Steichen: „Das erste Bilderbuch" (Der Alltag/Scalo / Whitney Museum of American Art, 1930/1991)

1930 erschien in Amerika „Das erste Bilderbuch". Mary Calderone, Ehefrau eines Schulreformers, gab es mit einem Vorwort und 24 Meisterfotografien ihres Vaters Edward Steichen, eines berühmten Fotografen, wohl im Auftrag ihres Mannes heraus. Die moderne Ausgabe enthält ein literarisch hochstehendes Nachwort von John Updike. Er schätzt das Buch als eine „Sammlung leuchtender Archetypen", als ein „Zauberbuch der Zeichen", als eine „wortlose Fibel ‚erster Leidenschaften' " (S. 66). Den Kindern, so die Herausgeberin, gefällt es, angesichts dieser Bilder „Bekanntes wiederzuerkennen; sie empfinden dies als kleinen Triumph; das Wiedersehen mit alten Freunden ist ihnen Trost und Vergnügen zugleich", konstatiert die Pädagogin. Sie wollte mit dem Buch keineswegs die Erfahrungen, die Kleinkinder machen, ersetzt wissen:

Ein „Zauberbuch der Zeichen", eine „wortlose Fibel ‚erster Leidenschaften' "

„Phantasievolle Geschichten oder Bilder, die in der Erfahrungswelt des Kleinkindes keine Basis haben, führen womöglich dazu, daß es später nicht mehr zwischen Tatsachen und Erfindungen zu unterscheiden weiß“ (S. 4).
Sobald das Kleinkind Gegenstände oder deren Abbildungen erkennen kann, sollte es das Foto-Buch allein in die Hand gedrückt bekommen. Der Erwachsene halte sich mit Erklärungen möglichst zurück. Gespräche über das optisch Wahrgenommene aber sind durchaus erwünscht und nützlich. Die Bilder führen nach der Überzeugung der Pädagogin „zu einer vertieften Erkenntnis der dem Kind bereits bekannten Gegenstände, der Dinge, die wahrscheinlich für den Rest seines Lebens zu seiner Umwelt gehören werden“. Auf den Fotos sind u.a. dargestellt: Milchtasse mit Butterbrot-Teller; Teddybär mit Gummibällchen; Uhr mit Ziffernblatt und zwei Zeigern; Kamm und Haarbürste; ein Paar Kinderschnürschuhe mit Ringelsöckchen auf Frottee-Unterlage; Gummibälle unterschiedlicher Größe und Oberflächengestaltung; drei Blatt bekritzeltes Papier mit einem Bleistift, an dem ein Radiergummi haftet; Seife und Zahnputzglas mit -bürste auf Waschbeckenrand... Die Gegenstände wirken in ihrer Starrheit fast steril, dennoch zeitlos-zeichenhaft, elementar. Die wenigsten Gegenstände haben sich seit ihrem fotografischen Aufnahme-Datum kurz vor 1930 grundsätzlich verändert. Sie tragen geradezu Ewigkeitscharakter.
Über einen solchen Anspruch ist eine moderne Kleinkindpädagogik allerdings längst hinweggegangen. Den „echten“, unverfälschten Gegenstand, den die Fotos nach dem Willen der Elementarerzieherin Mary Steichen Calderone wiedergeben sollen, erfassen die Kinder ja doch in der Lebenswirklichkeit selbst. Das künstlerisch gestaltete, gemalte Bild wird dem Foto im Bereich des gegenständlich orientierten Elementarbilderbuches heute vorgezogen.

Fotos oder gemalte Bilder im „ersten Bilderbuch"?

Dem Künstler mit Zeichenstift oder Pinsel kann es gelingen, die nun bedeutsam werdenden Ereignisse bildhaft und treffend festzuhalten. Auf den Bilderbuchseiten beginnt sich Leben zu entfalten: Da stehen nun bald nicht mehr eine Tasse auf dem Tisch, eine Kerze im Ständer oder ein Schneemann im verschneiten Garten, Begriffe werden erkannt und benannt, lautlich abgehört und klanglich erprobt – über das reine Wörterbilden geht das Kleinkind mit spätestens zwei Jahren schon merkbar hinaus. Es hält in Zweiwortsätzen ein Geschehen fest, drückt einen Wunsch aus oder wiederholt Gehörtes. Erste Vorgangs-„Beschreibungen" werden erbracht, überschaubare Zusammenhänge entdeckt.

Übung des Betrachtens, Vergleichens, Beobachtens

Dazu verhelfen Elementarbilderbücher in vorzüglicher Weise, sie üben das betrachtende Vergleichen, das Nacheinander-Beobachten, das Feststellen von Veränderungen. Anfang und Ende (einer Handlung, eines Ereignisses in der kindlichen Umgebung) werden erfaßt, Raumlagen können bald unterschieden werden und wollen benannt sein: rauf – runter; oben – unten; hin und her; auf und zu …

Beispiel 3

Wolfgang de Haën: „Was ist da passiert?"
(Ravensburger, 1977)

Situationen verändern sich – aber wie und warum?

Der Illustrator Wolfgang de Haën, ein Meister der „einfachen Formen" im Elementarbilderbuch, zeigt auf fünf paarweise nebeneinander angeordneten Szenen, wie sich eine Situation (nicht mehr

nur ein Gegenstand!) verändert: Die Äpfel hängen am Baum – Die Äpfel sind vom Baum geschüttelt worden. Das Auto steht bei Schnee im Freien – Das Auto ist fast zugeschneit. Der Bagger holt Erde aus einer Grube – Die Grube wird größer, der Erdhaufen höher. Ein kleiner Junge wirft den Ball – Ein großer Hund fängt ihn mit seinem Maul. Das Haus steht am Tage bei Sonnenschein in hellem Licht – Das Haus ist in der Nacht von Dunkelheit umgeben und (wirkt) selbst dunkel. In diesen „Szenen" erkennen Kinder freilich auch ohne Worte, was „da passiert ist".

Fragen, Impulse und Anregungen zum Sprechen

Einige Anregungen für Vertiefungsfragen:

– Schau zuerst das linke Bild an.
– Erzähle, was da passiert.
– Wo könnte denn das geschehen?
– Hast du das schon einmal gesehen? Erzähle, wenn du magst!
– So, und jetzt das rechte Bild.
– Dazu kannst du auch etwas sagen!
– Weißt du, wie das hätte anders gehen können?

Die Fragen und Impulse sollen bewußt zum Sprechen anregen. Wer spricht, aktiviert seinen Wortschatz, hört sich reden, findet am eigenen Sprachklang Gefallen, will vielleicht das eine oder andere Wort, die eine oder andere (Rede-)Wendung wiederholen, erinnert sich durch das von den Bildern „Abgelesene" (Bilder-Lesen ist ein allererstes Lesen anhand konkreter „muster"-hafter Vorgaben) an eigene, ähnliche oder auch völlig abweichende Situationen und bezieht so das im Bilderbuch Angeschaute auf die eigene Erlebniswelt.
Interessant sind Beobachtungen von Pädagogen, die Zweijährige mit solchen Büchern wie dem von Wolfgang de Haën zusammenbrachten. Die Kinder haben zuallererst die Sachen benannt: Äpfel, Auto, Bagger, Ball, Haus. In den Szenen mit Personen (Äpfel – Gärtner, Bagger – Baggerführer, Ball – kleiner Junge) wurden also nicht die Personen zuerst angesprochen, sondern die Sachen. Oft wird die Person auch nur mit „der da" oder „er" belegt, nicht mit der Bezeichnung (Gärtner) oder einem erfundenen Namen (Herr Sowieso).

Sachen werden Personen vorgezogen

Eine weiterführende Bilderbuch-Arbeit setzt die Mutter, der Vater (oder wer immer mit dem Zweijährigen das Buch betrachtet und bespricht) dann fort, wenn sie/er fragt:

– Was passiert weiter? Kannst du dir das denken?

Weiterdenken – über das Bild hinausgehen

Der Gärtner sammelt ja nicht nur (wie auf dem Bild dargestellt) die heruntergeschüttelten Äpfel in den Korb. Ein nächstes „Bild" könnte darstellen: Der Gärtner trägt den vollen Korb davon. Wohin trägt er ihn denn wohl? Reicht der eine Korb für alle Äpfel? Muß er vielleicht ein zweites Mal kommen?

Das „Über-das-Bildgeschehen-hinaus"-Denken und -Sprechen kann bereits jetzt, sollte aber dann mit drei, vier Jahren immer wieder angeregt werden. Sind die Kinder früh daran gewöhnt, erzählen sie von selbst. Freilich geschieht dies nicht immer gleich intensiv. Phasen der kindlichen Introversion sind zu respektieren. Kinder reden nicht immer, wenn Erwachsene es wollen. Vielleicht verschließen sie sich gerade dann dem Provokanten und halten ihn für lästig. Eine einfühlsame Erzieherperson nimmt sich in diesem Fall zurück, indem sie dem Kind die Freiheit des Schweigens zugesteht. Mit zunehmendem Alter müssen die „ersten" Bilderbücher nicht unbedingt größer werden. Sie sollten jedoch anspruchsvoller werden, was ihren Inhalt betrifft.

Beispiel 4

Markus Pfister: „Wer ist mein Freund?"
(Nord-Süd, 1986)

Allmählich werden die Bilderbücher anspruchsvoller

Das Kind lebt zwar weiter in gegenständlichen Bezügen, bedeutsamer aber werden die sozialen Bezüge des Kindes. Es will Sicherheit, Geborgenheit, Nähe, Trost, seine Freuden und Schmerzen teilen, seine Wünsche befriedigen, seine Zuneigung bezeugen, mit anderen spielen, sprechen oder einmal „nur" schmusen. Es braucht den pflegenden, sorgenden, verständnisvollen, gebenden, liebenden Menschen: die Eltern, Großeltern, vielleicht auch eines der Geschwister. Freunde. Diese besonders dann, solange das Kind noch geschwisterlos ist. Es sehnt sich nach einer gleichaltrigen Freundin, nach einem gleichaltrigen Freund.

1.

Tiere werden vermenschlicht: Sie handeln wie die Kinder

In dem Pappbüchlein „Wer ist mein Freund?" stellt ein kleiner, lustig gemalter, wie ein Kind aussehender (also „vermenschlichter") Igel diese grundlegende Frage jedes kleinen Einzelkindes. Das Buch führt nun, noch immer ohne ein einziges gedrucktes Wort, mögliche Freunde des kleinen Titelhelden nacheinander vor: zwei Kakteen, eine Kastanie, einen Spülbesen, ein Nadelkissen, schließlich ein Stachelbällchen, an dem gute Beobachter links unten ein Füßchen entdecken. Auf dem Buchrücken hinten hat der kleine Igel nun seinen Freund (oder seine Freundin?): Rücken an Rücken hocken sie beide da, zufrieden – und zu neuen Taten bereit.

Der aktive und passive Wortschatz wird erweitert

Im gemeinsamen Bilderbuchgespräch fallen Grundbegriffe wie Igel, Stacheln, Augen, schauen, genau hinschauen, suchen, finden, sich freuen, zufrieden sein. Dann auch Sachbegriffe wie Kaktus – Kakteen, Blumentopf, Kastanie, Schale, abspülen, Bürste, Borsten, Nadel, Nadelkissen, Fingerhut, nähen, Nadel und Faden …
Abgesehen von der enormen Erweiterung des aktiven und passiven (also verstehenden) Wortschatzes, wird in diesem Bilderbuch die Suche nach dem „Artverwandten" thematisiert.

- Warum ist der kleine Igel denn noch nicht zufrieden?
- Wie soll denn sein Freund aussehen?
- Genügt es nicht, wenn der Freund so ähnlich aussieht wie der kleine Igel selbst?
- Was ist denn das: ein richtiger Freund?

Die Fragen und Gesprächsimpulse könnten sich auf ein immer höheres Niveau begeben, je nachdem, wie weit ein Kind als Gesprächspartner folgen kann und mag. Dabei ist stets der Bezug zum eigenen Erlebens- und Erfahrens-Horizont des Kindes, zur eigenen Lebenswirklichkeit (die ja die nahen „Bilderbuchvermittler" Eltern, Großeltern, Geschwister und andere nahe Verwandte oder Freunde weit besser kennen wie später dann Erzieherin oder Lehrkraft) herzustellen:

Intime Wünsche und Bedürfnisse befriedigen und ansprechen

- Du hast dir bestimmt auch schon einmal einen Freund gewünscht …
- Hast du auch suchen müssen, wie der Igel, bis du ihn gefunden hast?
- Vielleicht hast du nicht nur, wie der Igel, nach dem Freund / der Freundin Ausschau gehalten, sondern hast auch etwas gesagt, etwas gefragt …

Ob diese „Bilderbuchbetrachtung" in ein kleines Freunde-Such-Spiel münden sollte, ist je nach Situation (Kindergartengruppe) zu entscheiden.
Der frei gestalteten Spiel-Szene sollten möglichst viele „Bilderbuch-Szenen" vorausgegangen sein. Kinder entnehmen ihnen Muster des Umgangs mit dem „Spielpartner", finden sich selbst darin im Mittelpunkt stehend (was dem Weltbild der ichbezogenen Vierjährigen völlig entspricht) und haben Anhaltspunkte für Monologe und Dialoge.

Das Kind: stets im Mittelpunkt des Geschehens

Beispiel 5

Renate Moertl: „Einkaufen"
(Ravensburger, 1978)

Als „Gebrauchsanleitung" für das jetzt schon großformatigere Pappbilderbuch von Renate Moertl zum Thema „Einkaufen" könnte ein Bilderbuchtitel eines Werkes von Hermann Wernhard (Ravensburger, 1996) stehen: „Schau, was die Leute tun". Während in diesem „Berufebilderbuch für die Kleinsten" die Szenen (Straße, Büro, Arztpraxis, Getreideernte, Bahnhof …) wechseln, hält Renate

Moertl einen schon für viele Dreijährige, gewiß aber für Vierjährige überblickbaren Alltagsvorgang durch, das Einkaufen. Die rhythmisierte Bildfolge (zwei einseitige Bildtafeln, eine doppelseitige Bildtafel – dies wird einmal wiederholt) hält Stationen eines erlebnishaft bestimmten Alltagsvorgangs fest: vom Aufbruch (Vorbereitungen) über die Wahl des Verkehrsmittels bis hin zur eigentlichen Tätigkeit des Einkaufens der Waren in einem Supermarkt, dann bei einem Schuster und in einer Buchhandlung bis hin zur Erholung von den Mühen der Einkäufe und schließlich dem „Genuß" des Eingekauften. Der mitgeführte Dackel lockert auf, die Ausdrucksveränderungen in den Gesichtern der Mutter und ihres begleitenden Kindes (ob Mädchen oder Junge, bleibt dem Betrachter überlassen) führen unmittelbar zu eigenen Erzählinhalten. Bewußt ohne auch nur eine einzige Textzeile schafft das Bilderbuch offene Anschau-Situationen: Die einen werden mehr die Sachen hervorheben, die eingekauft werden, die anderen teilen die Sorgen und Freuden der beiden Einkaufenden und versetzen sich in ihre Lage. Bemerkenswert ist, daß die Mutter am Ende des Einkaufsganges noch dem Kind entgegenkommt, um ihm ein Bilderbuch zu kaufen. Es darf sein Buch daheim am Küchentisch dann auch selbst anschauen, muß nicht helfen, die Waren zu verstauen. Ein kindgerechtes Buch, das nirgendwo pädagogisch aufdringlich wirkt. Gerade dieses Kriterium ist für die Beurteilung von „ersten Bilderbüchern" ausschlaggebend:

Alltagsvorgänge und -erlebnisse thematisieren und hinterfragen

Was ist ein kindgerechtes erstes Bilderbuch?

- Ist das Kind in seiner spezifischen Situation dargestellt?
- Wird ihm ein gewisses Maß an Freiheit zugestanden?
- Ist das Kind als vollwertiger Partner gekennzeichnet, der seine Ansprüche ähnlich denen Erwachsener stellen darf?
- Werden kindliche Interessen, Wünsche, Meinungen berücksichtigt?

Reinhard Michl / Jutta Langreuter: „Der Maulbär“
(ars edition, 1987)

Beispiel 6

Vorzüglich ist es im Bilderbuch „Der Maulbär“ gelungen, den Trotz des Kindes (etwa 4 Jahre alt) zu thematisieren. Nichts, aber auch gar nichts will der kleine Stefan einsehen: weder sich anziehen zu lassen, sich zu waschen, etwas zu essen, aufzuräumen oder mitzugehen, noch sich spät abends ausziehen zu lassen. Er trotzt so sehr, daß die Mama ihn mit einem „komischen Tier“ vergleicht, eben

Das erste Trotzalter will durchgestanden sein – auch für die Bezugsperson

einem Maulbär. „Maulbären leben immer in ihren Höhlen, sie gehen nie an die Luft. Hast du den Maulbären gesehen, Stefan?" Natürlich hat Stefan den Maulbären gesehen, das ganze Bilderbuch lang. Und auf jeder Seite hat der kleine Stefan sich wiedererkannt, in allen tagtäglichen Verweigerungssituationen. Der Maulbär tut, was ihm paßt, nicht, was die Mutter will. Er trotzt und fordert die Mutter immer und immer wieder heraus: Ob sie nachgibt? Ob sie aufhört, dies und jenes von mir zu fordern? Ich bin ich. Und da hat mir keiner, auch nicht die Mutter, dreinzureden.

In den knappen Begleittexten wiederholen sich Wörter und Sätze

Dieses Pappbilderbüchlein hat einen sich oft wörtlich wiederholenden Begleittext. Er ist für die „Vermittler" gedacht, zum Vorlesen. Da er so knapp und wortgenau formuliert ist, sollte er wortgetreu vorgelesen werden. In der Stereotypie der Wiederholungen liegt seine Chance: „Da mault der Maulbär", heißt es auf jeder der ersten sechs Seiten. Darin steckt ein wenig Ironie. Kleine Kinder verstehen sie noch nicht. Aber die Anfänge des Ironie-Verständnisses liegen in diesem Stadium der kindlichen Entwicklung.
Manches Kind lacht, wenn es immer und immer wieder den Satz hört: „Da mault der Maulbär". Oder es spricht ihn nach. Und es mault dazu.

- Nachsprechen von vorgegebenen Sprachmustern fördert das Sprechen.
- Wort- und Satzwiederholungen erleichtern das Verstehen und prägen sich dem kleinen Hörer unmittelbar ein.
- Kurze Texte, die unter Bildern stehen, regen schon kleine Bilderbuchbetrachter zum „naiven" Mitlesen an.

Wenn Tiere anstelle des Kindes im Bilderbuch handeln

Nicht wenige „erste Bilderbücher" gibt es, die Tiere wie Menschen (Kinder) handeln lassen. Solche Bilderbücher lieben die Kinder besonders. Die Tiere sind gekleidet wie Kinder, bedienen sich ihrer Requisiten – und benehmen sich wie sie: tollpatschig, altklug, großtuerisch, faul, freundlich, kameradschaftlich – oder von alledem das exakte Gegenteil. Tiere bleiben geschlechtsneutral. Ihre „Welt" ist übertragbar, die Situationen sind nicht festgelegt. Das hat Vorteile – sowohl für die Vermittlerperson als auch für das Kind selbst.

Kimiko: „Gib acht, Dodo!“
(Moritz, 1994)

Beispiel 7

Die japanisch-französische Grafikerin Kimiko bedient sich eines bärenähnlichen Tieres, das sie Dodo tauft, um kindliche Verhaltensweisen zu elementarisieren. Ihre Bildszenarien sind farbenprächtig und trotz des karikierenden Ansatzes und künstlerischen Anspruchs für Vier-, Fünfjährige gut verständlich. Allerdings bedarf es des Begleittextes, den die Vermittlerperson nicht unbedingt wörtlich vorzulesen braucht, aber sinngemäß zu den Bildern erzählen sollte. Das betrachtende Kind sollte das relativ kleinformatige Buch selbst in Händen halten und – dem Fortgang der Geschichte entsprechend – selbständig blättern. Auch das Blättern im (Bilder-) Buch will gelernt sein. Die Drucktype ist groß genug, daß die Vorlesenden sie auch aus weiterer Entfernung mühelos erkennen können.

Beginnen, das „erste“ Bilderbuch selbst in die Hand zu nehmen

Anregungen:
- Das Kind vorausdenken lassen: Was könnte Dodo mit dem Fahrrad vorhaben?
- Wenn es den Berg hinabgeht: Wie schafft es Dodo achtzugeben?
- „Rattapeng“ – was soll denn das heißen? Wie sagst du in einem solchen Fall?
- Hier siehst du, daß Dodo auf die Nase gefallen ist ...
- Der Maulwurfshügel ist Dodo zum Hindernis geworden. Auch du hast schon ähnliche Hindernisse erlebt ...
- Von jetzt an lese ich nicht mehr vor, jetzt kannst du mir erzählen, was passiert (den Bildern folgend den Vorleser „spielen“).
- Die beiden letzten Seiten wieder vorlesen. Der letzte Satz ist für viele Kinder sehr wichtig.

An den Bildern den weiteren Verlauf einer Geschichte „ablesen“

Dieser letzte Satz in der „Dodo“-Geschichte lautet: „Der (Papa) küßt sie auf die Nase, und schon ist alles wieder gut“. Kindergeschichten für die ganz Kleinen sollten stets ein gutes, das heißt: versöhnliches, ausgleichendes, tröstliches, hoffnungsvolles Ende haben. Offene, vor allem aber ungewisse und unsicher machende Geschichtenschlüsse sollten auf dieser frühen Stufe der ersten Bilderbuch-Geschichten möglichst vermieden werden. Das Kind soll sich nicht quälen müssen mit einer unerträglichen Ambivalenz des „Ausgangs".

Dieses Bilderbuch kann bereits dazu benutzt werden, Vier-, Fünfjährige aufzufordern, die Geschichte noch einmal von vorne bis hinten nachzuerzählen. Dabei kann eine „natürliche" Situation geschaffen werden:

Nacherzählen einer Geschichte in eine natürliche Situation einbetten

- Erzähl mal die ganze Geschichte deiner kleinen Schwester …!
- Tu so, als ob du schon lesen könntest!
- Blättere langsam!
- Laß deiner kleinen Schwester Zeit zum Mitdenken und Fragenstellen!
- Was deine kleine Schwester nicht weiß, erklärst du ihr!

Dadurch gewinnt ein noch kleines Kind ungeheueres Vertrauen: Es selbst, das ja noch nicht „echt" lesen kann, macht den „Vorleser". Dabei nimmt es, nachahmend, die Rolle des Vermittlers ein. Dieser „Rollentausch" ist – zumindest bei hierfür bereiten Kindern – eine Probe wert.

Alte Tradition neu belebt: klappen und ziehen – Situationen verwandeln

Nun wird das Buchformat immer größer – und ein neues Element der „ersten Bilder(bücher)" wird in den Prozeß der literarischen Grundlegung einbezogen: das Ziehen und Klappen von Bildteilen, die als bewegliche Teile des Bilderbuchs fungieren und einen zusätzlichen haptischen „Lesespiel"-Spaß garantieren.

Beispiel 8

Lucy Cousins: „Mausi geht ins Bett"
(Sauerländer, 1990)

Mit ihrer Reihe der „Mausi"-Bücher („Mausi geht schwimmen", „Mausi auf dem Spielplatz", „Mausi im Kindergarten" u. a.) hat die junge britische Illustratorin Lucy Cousins die uralten Prinzipien der Verwandlungsbilderbücher erneut in die Vorschul-Erziehung hereingeholt. Mit modernen, skizzenhaft anmutenden Formen der Illustration läßt sie diese schöne Tradition in einem neuen Licht erscheinen. Die Vorgänge sind dem Kleinkind vollkommen angepaßt, die Titelfigur übernimmt Identifikationsfunktion. Die Abläufe sind jedem Kind nur allzu bekannt, so daß es keine Verständnisprobleme gibt.

Mit den Hauptfiguren identifizieren sich die Kinder fraglos

Die gewählte Schrift ist alles andere als „vorbildlich" im Sinne einer Norm, im Gegenteil, sie ist schwankend in der Größe der (handgeschriebenen) Buchstaben und im Zeilenfall und verzichtet auf Satzzeichen. Vier-, Fünfjährige könnten das geschrieben haben. Die kurzen Sätze mit dem stets gleichen Anfangswort „Mausi" sind geradezu dazu angetan, das betrachtende Kind zum naiven (Mit-)Lesen zu provozieren. Die Sätze sind einfach, da sie nichts anderes beschreiben, als was Mausi vormacht:

An einfachen Sätzen Schreib- und Sprechmuster „ablesen"

- Bevor Mausi zu Bett geht, will sie noch was trinken.
  Wo gibt's was?
- Sie geht noch aufs …
- Sie geht noch ins …
- Sie putzt sich …
- Sie zieht dann …
- Sie legt sich ins Bett und …
- Erst jetzt …

Wenn die Klappteile bewegt werden, gibt das jedesmal einen Heidenspaß, insbesondere in der Klo- und den beiden Badezimmer-Szenen. Sehr schön ist das Gutenachtbuch, das Mausi vor dem Einschlafen liest: Es ist ein Buch im Buch, man kann es blättern. Die Tiernamen errät jedes Kind. Es bekommt das Gefühl, als „Mausi" das Buch selbst zu lesen. Vielleicht erfindet es zu jedem Tier eine (schaurige? sanfte? lustige? verwirrende? traurige? abscheuliche? liebevolle? …) kleine Story?

Selbst Geschichten dazu erfinden

Dinge, insbesondere Spielgegenstände, werden kleinen Kindern (mit zwei, drei Jahren) schon so vertraut, daß sie sie als „Freunde" bezeichnen. Ähnlich wie ein Haustier kann auch ein Spielzeug mit starken Emotionen belegt werden: Kinder lieben ihren Stoffhasen über alles, sie ziehen ihn durchaus einem Elternteil, Geschwistern oder einem Freund vor. In dem Bilderbuch von Matthias Karl und Gaby van Emmerich „Der rote Ball“ ist ein großer roter Gummiball Lisas Freund (zwar nicht der einzige, aber der „beste“).

Beispiel 9 *Matthias Karl (Text), Gaby van Emmerich (Bilder): „Der rote Ball“* (Neugebauer, 1993)

Das Bilderbuch begeistert Kinder und Erwachsene schon wegen seines ausgefallenen großen Formats. Kein Zwei-, Dreijähriger wird es ohne Umständlichkeit aufschlagen und darin blättern können, so groß sind die hochformatigen Seiten, so schwer der massive Einband. Die malerische Qualität ist nicht hoch genug zu rühmen. Der riesenhafte rote Ball (schon auf dem Vorsatzpapier ist er „in Nahaufnahme“ zu sehen) erscheint fast in voller Größe auf dem Innentitel (leider ist dieser wegen seiner individuellen Kleinschreibung „der rote ball“ lesedidaktisch unwillkommen), läßt dann Lisa (vom Scheitel bis zu den Knien) erscheinen, bis er sich selbst in ganzer Schönheit auf einem Rasenstück vorstellt: „Das bin ich.“

Künstlerische Qualität – erste Bilderbücher sind geschmacksprägend

Das Besondere an diesem Buch: Der Ball ist – als Ich-Erzähler – personifiziert. Dem magisch-animistischen Weltbild und Denkmodus des Kleinkindes entsprechend, übernimmt der Ball quasi lebendige Funktion. Lisa „ist ganz schön stolz“ auf ihn, gibt er preis. Denn er ist ja „so groß. Und so rot“, so daß Lisa „beide Hände“ braucht, um ihn festzuhalten. Wie hoch der Ball bei Lisa im Kurs steht, wird dann bildhaft dargestellt und in dem mitlaufenden, sehr groß gesetzten Text mitgeteilt. Was Lisa jetzt mit dem Ball tut (bzw. was der Ball sich alles von seiner Freundin Lisa gefallen läßt), können die Kinder in der Kindergartengruppe oder auch einzeln in der häuslichen Umgebung selbst ausprobieren; wenn sie so einen riesengroßen Ball, ähnlich dem im Bilderbuch, zur Verfügung haben:

Vom Bilderbuch zum nachahmenden und kreativen, bewegungsbetonten Spielen

- ihn zwischen Knie und Tischkante drücken, so daß er quietscht,
- ihn an die Wand werfen und zurückspringen lassen,
- darauf zu laufen versuchen –

1.

und noch vieles mehr läßt sich mit einem großen roten Gummiball machen:

- auf dem Boden rollen,
- sich draufsetzen mit gegrätschten Beinen und den Ball mit dem Po hin- und herrollen,
- den Ball wie ein Jongleur benutzen,
- ihn auf dem Kopf eine kurze Strecke lang zu tragen versuchen.

Richtig lustig wird es erst – genau wie im Bilderbuch -, wenn der große rote Gummiball mehreren Mitspielern gehört. Im Bilderbuch wird nun eine kleine Einführung in die Ziffern versucht (dazu ist die Ausklappseite mit vielleicht allzu viel Aufwand gedacht), was aber durchaus übergangen werden kann. Hier sollte der Anreiz,

sich mit dem Ball vielfältig zu bewegen, zu laufen, zu springen, den Ball am Boden aufprellen zu lassen, hochzuwerfen im Vordergrund stehen.

Das Bild, das den Vergleich des Balles mit der Sonne thematisiert – von ihm geht eine friedliche Stille aus, die nach den stürmischen Spielen wohltut –, kann Anlaß geben, andere Vergleiche anzustellen: Mein (unser) Ball sieht aus wie … (ein runder Kinderkopf, eine Riesenorange, eine große Christbaumkugel, eine Gartenkugel). Aber nur mit meinem Gummiball kann ich das alles machen, was Lisa und ihre Freunde im Bilderbuch zeigen.

Kleine Kinder haben ein gutes Text-Gedächtnis

Jetzt kann das Bilderbuch gegebenenfalls noch einmal von vorne durchgeblättert werden, und die Kinder äußern sich frei dazu bzw. sie versuchen den Text, oft unaufgefordert, annähernd wörtlich wiederzugeben. Kinder merken sich gerade Bilderbuchtexte auf Anhieb wortgetreu – zum Erstaunen der Erwachsenen –, vergessen sie dann allerdings auch wieder schnell.

Das letzte Bild (Lisa mit ihrem Ball im Bett) kann zu kleinen Gutenachtwünschen Lisas an ihren Freund, den roten Ball, führen:

- Schlaf gut, mein lieber Freund!
- Mach dich nicht so breit, mein kleiner Dicker!
- Hör jetzt endlich auf zu rollen und mach die Augen zu!
- Bleib bei mir, roll nicht weg, roter Ball, sonst bin ich in der Nacht allein!
- Du sollst es gleich auch ganz warm haben – ich steck dich unter die Decke …

Jetzt sind wir alle ganz still, damit Lisa und ihr roter Ball schnell einschlafen können.

Zusammenfassung

Die Zeit der ersten Bilder(bücher)

- gewöhnt das Kind vom 1. Lebensjahr an an Bücher
- verwendet Bücher aus festem, abwaschbarem Pappkarton
- läßt erste Begriffe angesichts der gezeigten Gegenstände bilden
- regt die Kinder zum gebundenen Benennen und freien Sprechen an
- orientiert sich ikonisch/symbolisch an der Erlebnis- und Alltagserfahrungswelt des Vorschulkindes
- festigt spielerisch konkret-sachliche Vorstellungen
- bringt erstmals eine Buch-Vermittlungsperson (meist die Eltern) ins Spiel
- läßt das Kind frei zu elementaren Bildern, auch schon zu Bildfolgen und Szenen, erzählen
- aktiviert das betrachtende Kind in vielfältiger Weise (Sprechen, Spielen, Handeln, Nacherzählen)
- erweitert Wortschatz, Identifikations- und Empathie-Vermögen
- ermöglicht bereits ein „naives" Mitlesen bzw. Vorlesen
- fordert Kinder zum Mit-, Voraus- und Nachdenken über Gesehenes und Gehörtes (Bilder, Bildfolgen; kurze Texte, kurze Erlebnisgeschichten) auf
- legt den Grund für eine positive Zuwendung des Kindes zur Welt der Bücher, also zu literarischer und künstlerischer Bildung einschließlich des Aspekts des Schriftspracherwerbs

2. Reime – Klänge – Kinderverse

Beispiel 1

Bruno Horst Bull:
„Die Verse für meinen Zottelbär“
(Aus: „Verskinder“, München 1966)

Ich hab seit vielen Jahren
schon einen Zottelbär,
der wohnt in meinem Hause
und brummt und schimpft dort sehr.

Mögt ihr nicht meine Reime,
dann brummt nicht gar zu sehr.
Es sind ja nur die Verse
für meinen Zottelbär.

Kinder mögen Reime und Verse; ihr Rhythmus regt sie an

Und ob Kinder Reime mögen! Und Verse! Und einen Zottelbär haben sie alle daheim, die Eltern oder Erzieherinnen, im Haus oder im Kindergarten. Einer schimpft immer und brummt. Damit er nicht nervt durch sein Brummen und Schimpfen, sind niedliche Reime und Verse angesagt. Sie beruhigen, beschwichtigen. Durch ihren Klang, durch ihren Rhythmus. Selbstverständlich auch durch ihre melodisch-„singsangliche“ Weise des Sprechens, Vorsprechens, Vorsagens. Der Übergang zum Singen – es ist ja nichts anderes als ein melodisches, vokalisisches Sprechen, das einem bestimmten Rhythmus folgt (der in dem kleinen Sprech-/Sprachkunstwerk selbst verborgen ist) – wirkt da gar nicht gekünstelt, sondern ergibt sich wie von selbst. Bruno Horst Bulls beide Vierzeilerstrophen noch einmal gelesen – und dabei den Rhythmus herausgehört!

Worin liegt der Wert der Kinderverse? Die Kinderlyrik-Forschung ist sich einig, daß es sich bei den Kinderreimen um „lyrische Urformen“ (nach Hermann *Helmers*) handelt. Dem Kindesalter wird eine eigene Poesie zugeschrieben, „die aus phonetischen und semantischen Assoziationen besteht“ und (nach Kurt *Franz*) noch die sogenannte innere Sprache der Erwachsenen kennzeichnet.

Verse und Reime spiegeln eine sprachliche Ordnung

Hans Magnus *Enzensbergers* Bemerkung zu seiner berühmt gewordenen Sammlung „Allerleirauh“ (1961) weist dem Vers eine ordnende Funktion zu: „Der Vers besiegt das Geschrei“. Gewiß ist Schreien kindlich-legitimer Ausdruck, doch bleibt es in bestimmter Weise primitiv. Dem sprech- und sprachbegabten Menschen ist es im Lauf seiner Entwicklung ein gesundes Bedürfnis, das Lallen, Schreien und wilde Drauflosbrabbeln in mitteilbare Sprache, gebunden an Lautbildung und Sprechnorm, überzuführen. Kein Wunder, daß – je jünger Kinder sind – die den „Urlauten“ nahestehenden, „wilde“ Klangprodukte einschließenden Reime und Verse so gut ankommen, etwa:

Beispiel 2

Schacke schacke Reiterpferd!
Das Pferd ist keinen Taler wert.
Wollen's Pferd verkaufen,
wollen's Geld versaufen:
Pardauz, pardauz!

Es erscheint also durchaus angemessen, wenn Kinder an Zisch- und Lall-Lauten, an geräuschähnlichen Interjektionen („pfrrrr!“), lautmalenden Wörtern und Wendungen („pardauz!“) großen Spaß haben, auch an scheinbar bedeutungslosen Ausdrücken („schacke schacke“) und vor allem – und das hält lange Jahre an – an deftigen Expressionen („versaufen“).

Reime – Naturprodukte oder Kunsterzeugnisse?

Ein Reim ist freilich dann schon etwas Gedrechseltes, Gemachtes – und die Kinderreime-Autoren bekennen freimütig – von Theodor *Storm* bis James *Krüss*, von Christian Felix *Weiße* bis Sarah *Kirsch* oder Josef *Guggenmos* –, Kinderverse und Kinderreime aus verschiedenen Anlässen und Motiven heraus intentional für „die lieben Kleinen“ (so häufig noch in romantisierenden Buchtiteln) verfaßt zu haben. So wie der Reim in den „frühen Dichtungen vieler

Völker, die noch keine Schrift kannten und ihre Dichtungen in mündlicher Form überlieferten" eine große Rolle spielte, ist er zentral für das (ebenfalls noch ohne Schriftkultur lebende) Kind, er ist „kein entbehrliches Schmuckmittel, sondern notwendiger Bestandteil", argumentiert Guido *Stein* (zit. n. Kurt Franz, S. 75).
Anneliese *Bodensohn* versteigt sich sogar zu der Feststellung:

> „Das Kind ‚fordert' den Reim als ‚musikalisches' Lautsymbol (...) Die Übereinstimmung des Verses empfindet das Kind wie eine Wortschaukel, von der es, in regelmäßiger Wiederkehr ausschwingend erhoben, nach der Zäsur des pausierenden Anhalts entsinkend wieder zurückgeschwebt wird. Es erlebt so das Geheimnis des gefährdeten Gleichgewichts und das bestimmende Gesetz der Konzentration. Damit wird in den gleitenden Bezügen der Seele jeder Vers zum Gleichnis für Aufbruch, Ankunft und Heimkehr." (ebenda, S. 74)

Elemente des Kinderreims

Rhythmus, Klang, Wiederholung, rhythmisch-klangliche Geschlossenheit und Vielzahl (vgl. Oswald *Watzke:* „Gedichte für die Grundschule", S. 5) sind die Elemente des Kinderreims, die in ihrer vielfältigen Verwobenheit – einmal ist mehr die Wiederholung, dann wieder der Klang, dann wiederum die Vielfalt der Ausdrucksmöglichkeiten angesprochen – auf das hörende, den Versen und Reimen gegenüber aufgeschlossene Kind einwirken. Gerade diese Einwirkung von Sprachklang, -rhythmus, -reim (nicht selten auch durch Rundfunk, Hörkassette und andere moderne Tonträger, derer sich schon kleine Kinder heute bedienen) ist für die Literarisierung des Kindes von entscheidender Bedeutung.

Die Wirkung von Sprachklang, Betonung und Rhythmus hat große Bedeutung für die kindliche Literarisierung

In der Phase der gehörten, nach- und mitgesprochenen, mit Aktionen und Spielen (durchaus auch nur „Spielchen" oder „Spielereien") einhergehenden Reime und Verse wird das Ohr für die Klanggestalt der Sprache, die später dann zur „inneren" Sprache (zum Beispiel des Romanlesers) wird, sensibilisiert. Der Hauptwert solcher Reimspiele liegt im akustisch-musikalischen Aufnehmen literarischer Grundbausteine. Aus ihnen werden die Erzählungen, Märchen, Umwelt- und Alltagsgeschichten, Kinderromane, Erzählgedichte ... „gebaut". Entwicklungspsychologisch ist es nur natürlich, mit der gesprochenen/gehörten Sprache zu beginnen. Und noch einige Zeit, nachdem das Kind längst selbst schon in der Lage ist, einen Text zu lesen, wird es am Sprachklang Freude haben, schon weil er in Form gesprochener/gehörter Reim- bzw. Prosatexte das lesende Kind entlastet.

Beispiel 3

> Kommt ein Mäuslein,
> baut ein Häuslein,
> kommt ein Mücklein,
> baut ein Brücklein,
> kommt ein Floh,
> und der macht es so!

Nach der Anweisung (aus: *Arndt/Singer,* Hg.: „Das ist der Daumen Knudeldick", Ravensburger 1980, S. 49) ist bei diesem Vers folgendermaßen vorzugehen: „Rechte Hand ist das Mäuschen. Beide Hände schräg zum ‚Haus' aneinanderlegen. Mit einer Hand das Mücklein darstellen, nun beide Hände mit den Fingerspitzen zu einer Brücke aneinanderlegen. Mit einer Hand den Floh andeuten, dieser springt auf das Kind zu."

Fingerspiele als anregend gespielte Geschichten

Solche Fingerspiele, die in dem Buch von Marga *Arndt* und Waltraut *Singer* in großer Fülle zusammengestellt und systematisiert wurden, stehen am Beginn der „lyrischen Urerlebnisse" der Kinder (schon von 2 Jahren an, aber bestimmt beliebt bis zu 4/5 Jahren). Waltraut Singer unterscheidet Fingerspiele zum Necken und Kosen; mit Benennung der einzelnen Finger; mit allen Fingern und mit den Händen; gespielte Geschichten; mit Melodien. Fingerspiele zählt sie „zu den vorschulgemäßen Formen des Spielens und Lernens", die „dazu beitragen" können, „das Lernen kindgemäß, lustig, interessant und damit auch effektiv zu gestalten …, auch wenn sie keinen hohen literarischen Anspruch erheben …" Ihr Anliegen: mit Fingerspielen kreativ umzugehen. Für die Pädagogin Waltraut Singer ist es selbstverständlich, „daß aus alten Inhalten neue Varianten, neue sprachliche Formen und viele schöpferische Spielideen entstehen" (ebenda, S. 21 f.).

2.

Die Palette der „ersten" Kinderlyrik reicht vom Neckreim bis zu einfachen Tierversen

Außer den Fingerspielen kommen viele andere „einfache" Formen der Kinderlyrik (Neckreime, Abzählreime, Kettenreime, Nachahme- und Deutereime, Ausrufe und Formeln („Heile, heile, Segen!"), Kniereiterverse und Schaukelreimchen, Tanzliedchen, Pflege- und Trostreime, Ulkreime, gewiß auch die von Pädagogen weniger geschätzten Spottreime, Verlachverse und Verulkspielereien) in Frage. Belustigendes und Provokatives, Appellatives und schlicht Narratives kann bisweilen – auch regional bedingt – dominieren. Da selbst uralte Tierverse noch heute beliebt sind, sei hier stellvertretend ein Beispiel dafür ausgewählt. Der Phantasie der Erziehenden, solche Tierverse pantomimisch, gestisch oder mimisch, szenisch darstellend oder mit Handpuppen unterstützt wirksam werden zu lassen, sind keine Grenzen gesetzt.

Beispiel 4

Die Schnecke

Schnecke, Schnecke, Schniere,
zeig mir deine Viere!
Wenn du sie nicht zeigen willst,
werf ich dich in'n Graben,
fressen dich die Raben,
fressen dich die Müllermücken,
die dich hint' und vorne zwicken!

(aus: „Schacke, Schacke, Reiter", Stuttgart: Loewe 1949, S. 42)

Vor Verfrühung und Überforderung wird gewarnt

Um das Kind nicht zu überfordern, sollten ausschließlich sehr einfach strukturierte, auch inhaltlich simple (wenngleich keineswegs dümmliche) Kleinkinderreime gewählt werden. So wären beispielsweise Zungenbrecher für die Drei- bis ca. Fünfjährigen noch unangebracht. Die Sprechmotorik muß sich bei den meisten Kindern im Vorschulalter erst verfeinern, und Zungenbrecher erfordern eine geübte, versierte Sprechtechnik. Erlebt das Kind Mißerfolge, vermiesen die Erziehenden ihm den Einstieg in die Kinderliteratur. Ungeeignet sind auf dieser relativ frühen Stufe der Kniereiter- und Fingerverse, Abzählreime und Neckrufe zum Bei-

spiel die Buchstabierscherze (sie setzen in der Regel die Kenntnis des Alphabets voraus), aber auch inhaltlich schwer begreifbare, satirische, kritische oder zu lange Kinderreime.
Je mehr die Erwachsenen sich im Vorschulalter auf das formal und inhaltlich Einfache beschränken, um so leichter und lieber eignen sich die Kinder auf einer späteren literarischen Entwicklungsstufe (Einschulalter, Schulalter) entsprechendes Reim-, Vers-, Spruch- und Gedicht-„Gut“ an.
Der Forderung, dem Einfachen im Kleinkind- und Vorschulalter breiten Raum zu geben, entspricht die folgende ausgewogene Sammlung von alten und neuen Fingerfaxen, Kniereiterversen und anderen sprechbegleitenden Spielen:

Christa Zeuch: „Sitzt ein Zwerg auf dem Berg“
(Benziger Edition, Arena, 1993)

Beispiel 5

Das von Hildegard *Müller* farbig illustrierte Buch ist in sieben Kapitel gegliedert:

- Schmusige Kniereiter und Krabbelspielchen
- Klitzekleine Fingerfaxen
- Handspiele für Spielhände
- Von Klatschhänden und Klatschbasen
- Zehenküßchen und Füßelgrüße
- Kreisspiele und Zappeltänze
- Quietschvergnügte Abzählreime

Klatschen, Krabbeln, Tanzen – Verse und Reime sind im Vorschulalter mit Bewegung am wirksamsten

Notenbeispiele und Spielanleitungen bereichern die Texte. Zum altbekannten „Kletterbüblein“ von Friedrich *Güll* („Steigt ein Büblein auf den Baum, / ei, wie hoch, man sieht es kaum ...“) wird zum Beispiel die folgende Spielanleitung gegeben:
„Zwei Kinder liegen Po an Po auf dem Fußboden, nicht zu nah aneinander, die Beine hochgereckt. Die Beine eines Kindes sind der Baum. Die Füße des anderen Kindes klettern den Baum hinauf – einmal mit dem rechten, einmal mit dem linken Fuß. Danach werden die Rollen getauscht.“ (S. 52)

2.

Spielanleitung

Ein Erwachsener macht alles vor, das Kind probiert es ebenso. Es ist nicht einfach!

Ein hübsch illustriertes Lied mit Spielanleitung aus „Sitzt ein Zwerg auf dem Berg“ von Christa Zeuch.

Von Christa *Zeuch* selbst stammen ein paar „moderne" Kinderreime, die in der Tradition von Altmeistern wie *Krüss, Guggenmos, Maar, Bull,* natürlich auch Friedl *Hofbauer,* Georg *Bydlinski,* Heinz *Janisch,* Frantz *Wittkamp* oder Hans *Manz* stehen.

Ihren Vers „Schneckenverstecken" (*„Schneck, Schneck, Schneck – geh doch weg!"* mit der Spielanleitung für zwei Kinder: „Die hochgestreckten Arme sind Schneckenfühler. Sie werden langsam eingezogen. Die Kinder machen sich rund und kauern zum Schluß am Boden. Wer von beiden kann es am langsamsten?") kann man sich unschwer auch in beliebigem Dialekt gesprochen vorstellen. Die Mundart bildet nicht nur eigene Lautfärbungen, ja spezielle Lautverfremdungen und -verbindungen aus, die dem Ohr schmeicheln; die Mundart läßt vor allem das spontane, unverstellte Sprechen zu. Dabei kommt es freilich nicht selten zu einer (ungewollten) Grobheit oder Grobschlächtigkeit im Ausdruck, werden Schimpfworte und Derbheiten geäußert. Allein schon in dem Abzählvers

Die Mundart nicht vernachlässigen: ihre Ursprünglichkeit läßt Spontanität zu

Beispiel 6

Eins und eins ist zwei.
Zwei und eins ist drei.
Vier kann es nicht sein,
Fang mich, altes ...!

(Hans Gärtner; aus: „Zählgeschichten", Loewe, 1994, S. 15)

wirkt das hier ungenannt gebliebene Wort („Schwein") derb, bringt aber oft tabuisierte Schichten kindlicher Sprechbevorzugungen zum Ausdruck, so daß es zu einem (unterdrückten) Lachen kommt. Damit wird eine Schranke niedergezogen, ein Bann gebrochen – und der Sprechende geht an den Angesprochenen näher heran. Abgesehen davon: Kinder jeden Alters lieben die derbe Übertreibung und sind gern (auch beim Sprechen!) „ausgelassen". Das haben unsere (d. h. in diesem Fall: altbairischen) Vorfahren wohl gewußt, als sie sich – gerade für den Bereich des beliebten, noch heute beim „Fang-a-Manndl-Spielen" unerläßlichen Abzählverses – kein Blatt vor den Mund nahmen. Der um München beheimatete Dichter, Romancier und Sachbuchautor Wolfgang Johannes *Bekh* sammelte neun Jahre lang die Reste einer unerschöpflich anmutenden „Volkspoesie“ auch aus Kindermund. Ein Abzählreim daraus (S. 64 seines Buches *„Reserl mit'n Beserl“,* Ludwig, 1977; Turmschreiber neu 1995) – als Anregung, im eigenen Umfeld nach ähnlichen Belegen einer lebendigen Sprachunverfrorenheit zu fahnden:

Beispiel 7

Oans zwoa drei vier,
sitzt a Mannderl vor da Tür,
hat a routes Hüatl auf,
obm sitzt da Kuckuck drauf.

Kinder haben geheime Wünsche, etwas Derbes auszusprechen; im Kindervers dürfen sie diesen Wünschen frönen

Eltern und Pädagogen werden so viel Fingerspitzengefühl haben, die Deplaziertheit manch allzu deftig geratenen Abzählreimes oder Kinderverses zu erkennen. Es gibt unter den Eltern wohl auch solche, die sich derartige „Entgleisungen“ kindlicher Reim- und Spottlust verbieten oder die ihnen zumindest mit erheblichen erzieherischen Bedenken gegenüberstehen. Andererseits wäre es aber falsch zu glauben, bei Verboten erreiche man, daß die Kinder von solchen „Unverschämtheiten“ abrückten – im Gegenteil! Peter *Rühmkorfs* und Ernest *Bornemanns* Forschungen zum Kindervers und zur Volkspoesie wiesen der „losen Zunge“ einen festen Platz im Repertoire der Sprachkompetenzen zu und warnten eindringlich vor den negativen Folgen der Unterdrückung „geheimer“ Sprechwünsche der Kinder.

Kinderverse und Bilderbuch

Von den Kinderreimen und ihrer – zugegeben – idyllisierenden Welt zu nonsense-artigen Verfremdungen bekannter Kinderverse ist es – mit Blick auf unsere Moderne – nicht weit hin. Das folgende Beispiel belegt dies. Es richtet sich eher an das schon ältere, also sechs-, siebenjährige Kind, denn es setzt eigentlich die Kenntnis des „ursprünglichen“ Textes voraus. Damit kann zugleich der Bogen zum Bilderbuch geschlagen werden: Freche, verfremdete Kinderreime gehen einher mit gekonnter Grafik und Kinderbuchillustration.

Wolf Erlbruch: „Zehn grüne Heringe …"
(Hanser, 1995)

Beispiel 8

Zehn grüne Heringe, die schliefen in der Scheun.
Der eine kriegte Heuschnupfen, da waren's nur noch neun.

Neun grüne Heringe, die tanzten in der Nacht.
Den einen hat die Nacht verschluckt, da waren's nur noch acht.

Acht grüne Heringe, die wollten Seiltanz üben.
Dem einen wurde schwindelig, da waren's nur noch sieben.

Sieben grüne Heringe, die ritten auf der Echs.
Den einen warf die Echse ab, da waren's nur noch sechs.

Sechs grüne Heringe, die trafen Almut Kümpf.
Den einen fand die Almut schick, da waren's nur noch fünf.

2.

Fünf grüne Heringe, die spielten schön Klavier.
Da schlug der dumme Deckel zu, da waren's nur noch vier.

Vier grüne Heringe fuhrn in die Mandschurei.
Ein schwarzer Bär fraß einen auf, da waren's nur noch drei.

Drei grüne Heringe, die standen mal am Kai.
Der eine fuhr nach Indien, da waren's nur noch zwei.

Zwei grüne Heringe, die frühstückten im Hain.
Der eine mußte plötzlich mal, der andre blieb allein.

Ein grüner Hering, der weinete gar sehr.
Dann nahm er einen Anlauf und sprang zurück ins Meer.

Und viele Jahre später, da konnte man sie sehn:
in hundert Metern Tiefe. Da waren's wieder zehn …

Erlbruchs bilderreicher Text wirkt phantasieanregend und reizt geradezu, ihn spielerisch umzusetzen:

Spielerische Umsetzung von nonsenseähnlichen modernen Kinderversen

- die Mitspieler bestimmen (zehn Heringe, die Echse, Frau Almut Kümpf, den Bär);
- zu den gesprochenen Reimen handeln lassen: schlafen (mit Schnarchen), Heuschnupfen kriegen, verschlucken, tanzen, Seiltanz üben, schwindelig werden …);
- sich verschiedene Möglichkeiten ausdenken, wie Almut Kümpf den sechsten Hering, den sie „schick" findet, noch verwenden könnte (außer, wie im Bilderbuch gezeigt, als Hutschmuck);
- verschiedene Andeutungen der Schauplätze Meer, Indien … spielerisch versuchen lassen;
- Text entweder einzeln oder (auch im Wechsel) im Chor sprechen lassen.

Zusammenfassung

Reime, Klänge, Kinderverse

- regen das Kleinkind an, auf Sprechsprache aufmerksam zu werden, sie zu verstehen und darauf zu reagieren
- stellen teils kunstvoll geformte, meist aber sehr einfach strukturierte Klang- und Wortgebilde vor, die auch als Sprechmuster gelten können
- lassen in das Schatzkästlein der urtümlichen lyrischen Formen greifen: Abzähler, Kettenreim, Neckvers …
- sollten bei den Fingerspielen, die sprachlich „begleitet" werden, beginnen und allmählich ins bewegungsbetonte, auch szenisch dargestellte (pantomimische, gestische) Sprech-Spielen überführen
- erschließen auch die Möglichkeit, Mundart schon früh einzubeziehen
- legen den Grund für ein Gespür des Kindes für Sprechmelodik, Intonierung, Sprachklang
- aktivieren Kinder sowohl einzeln als auch in der (Kindergarten-)Gruppe
- lassen das Kind Sprache frühzeitig ganzheitlich erleben, wobei das ursprünglich in jedem Kind angelegte „Musikalische" geweckt wird
- geben Anlaß zu kreativem vor-literarischem Handeln: weiterreimen, zu Ende reimen, eigene Reime bilden, nach (z. B. mundartlich festgelegten, in der Lebensregion des Kindes heimischen) kindertümlichen Reimen forschen, aber auch zum Verfremden und Verändern bewährter Muster
- können in Verbindung mit dem Bilderbuch zu einer gesamtkünstlerischen Erlebnisform für noch kleine Kinder werden

3. Erzählen und Zuhören (lernen)

Bei Vilma *Mönckeberg*, der bedeutenden Märchenerzählerin, 1892 in Wien geboren, Lektorin an der Hamburger Universität, in ganz Europa als Rezitatorin und Erzählerin zu Hause gewesen, lesen wir:

Erzählen – „eine verschollene Kunst"?

> „Erzählen ist heute eine verschollene Kunst und Zuhören erst recht. Zu beiden gehört Konzentration, eine Fähigkeit, die sich nicht mehr recht entfalten kann in Zeiten, wo die Menschen in einem Meer von Zeitungen und Illustrierten ertrinken. Noch weniger, wenn der Lautsprecher pausenlos auf sie eintrommelt und das Fernsehen ihnen immer mehr die Mühe abnimmt, ihre eigene Phantasie in Aktion zu setzen. Radio und Fernsehen sind ihrer Natur nach ungesellig, genau wie das leise Lesen. Das Gespräch verstummt - jeder ist allein. Das Erzählen dagegen ist eine gesellige Angelegenheit, denn es ist aus der Gemeinschaft entsprungen, und es ruft nach Gemeinschaft. Wir leben nicht mehr in größeren Gemeinschaften, aber noch gibt es die kleine Gemeinschaft der Familie - oder sollte sie geben -, in der das Gemeinsame erhalten bleibt. Vor allem für das Kind ..." („Das Märchen und unsere Welt", Diederichs 1972, S. 37)

Und die große *Mönckeberg* schickt dieser kulturkritischen „Grundsatzerklärung" sogleich ganz praktische Forderungen nach: Jede Mutter sollte täglich eine Erzähl(viertel)stunde einrichten, dabei

Verse sprechen und Lieder singen. Für die Mutter selbst sei dies gut – sie entspanne sich beim Erzählen und vergäße dabei die Mühen des Alltags. Das Kind aber lerne, sich auf das Wort der Mutter zu konzentrieren, es würde von selbst still, wobei es aber „innerlich" aktiv bleibe: „Es muß sich das Gehörte selber vorstellen und sich eine eigene Bildwelt schaffen" (S. 38).

Voraussetzungen für ein gutes Erzählen – heutzutage nicht leicht realisierbar

Wenn es heute so einfach wäre! Voraussetzung für eine solch ideale Erzähl-Situation ist ein nicht nur intaktes, sondern *vertrauliches Verhältnis* zwischen Erzählperson und Zuhörendem. Wir schenken nur dem Gehör (und damit ein Stück unserer kostbaren Zeit), den wir schätzen, dem wir vertrauen. Eine zweite Voraussetzung: *sich Zeit nehmen.* Erzählen kostet Weile, Verweilen. Nicht nur während der Erzählung selbst, auch danach braucht es Stillesein, Rückzug, Bedenk-„Zeit". Das Erzählte soll sich gewissermaßen setzen dürfen. Gedanken, die während des Erzählens angestoßen wurden, wollen sich entfalten, wollen neue Gedanken entwickeln. Vielleicht will der Zuhörende auch Fragen stellen, Kritik oder Zustimmung äußern. Also: Zeit spielt eine wesentliche Rolle. Eine dritte – äußere – Voraussetzung für gelungenes Erzählen: *Ruhe in der Umgebung,* Behaglichkeit. Ohne für eine Idylle zu plädieren, für Garten-, Wald- oder gar Bergeinsamkeits-Kulisse, sollte in der Alltagsumgebung alles ausgeschaltet werden, was akustisch und optisch ablenken, stören könnte: Radiogerät, Telefon, Türglocke ..., von Baulärm oder Verkehrsgetöse ganz zu schweigen. Hier werden Techniken des Sichberuhigens und Stillwerdens, auch für Kinder, wichtig.

Die Vorschulzeit ist die Zeit des Einübens ins Erzählen und Zuhören. Sie nicht zu nützen hieße, eine wichtige Basis für alles aktive und pathische Geschichten-Erleben zu versäumen, die es später dem Menschen ermöglicht, sich überhaupt auf „Geschichten", ob in Prosa oder in gebundener Sprache, einzulassen, mit „Geschichten" (auch solchen im Spielfilm auf Leinwand und Bildschirm, in Comics und Illustrierten) zu leben, aus ihnen Kraft und Lebenssinn, Mut und Beflügelung der eigenen Vorstellungsmacht und Phantasie zu schöpfen.

3.

Im Vorschulbereich hat das persönlich gefärbte, mit dem kindlichen Alltag eng verbundene freie Erzählen seinen Platz

Die Kommunikationstheoretikerin Christel Gisela *Oehlmann* („Garantiert erzählen lernen", Rowohlt 1995, S. 104) erinnert sich an „viele faszinierende Lern- und Lebenserfahrungen", die sie als Vorschulkind dem Erzählen ihrer Großmutter verdankt:

> „Sie hatte so viel Verständnis für mich, daß sie mir abends und morgens und wann immer ich sie darum bat, Geschichten erzählte, in der Dämmerung und auf der Ofenbank, wenn wir miteinander zum Markt gingen oder während des Fliegeralarms im Luftschutzkeller oder wenn sie am Herd stand und kochte. Ich ließ ihr keine Ruhe, verfolgte sie auf ihren Gängen durchs Haus oder in den Garten, wenn sie von dort das Gemüse zum Essen holte … (Ich) fragte und fragte, und sie erzählte, fast wortwörtlich die Märchen und in freier Weise Ereignisse, Begegnungen, Erfahrungen. Meistens waren es keine vorbereiteten Erzählungen, sondern sie erzählte frei, was ihr aus ihrem alltäglichen Leben und aus der Situation heraus in den Sinn kam: Wie sich alles einmal wirklich zugetragen hatte oder sich hätte zutragen können … Aus allem entstanden für mich Geschichten, und die wiederum brauchte ich genauso wie meine täglichen Mahlzeiten und wie meine Bewegung …"

Die Form des „freien Erzählens" wird vor allem dem familiären Bereich angehören. Hier entstehen natürliche Erzählsituationen:

Familiäre Erzählsituationen erwachsen aus den Ereignissen und Begegnungen der Personen

- Die Mutter erzählt, wie ihr gestriger Abend, an dem sie ausgegangen ist, verlief.
- Die große Schwester erzählt von einer Reise, die sie zusammen mit Freundinnen unternommen hat und greift ein besonderes Reiseerlebnis heraus.
- Der Vater erzählt eine unangenehme Szene aus seinem Arbeitsbereich, gibt dadurch Einblick in seine Probleme am Arbeitsplatz und fordert die Zuhörenden zu einer Stellungnahme auf.
- Schulereignisse kommen daheim „auf den Tisch" (eine Redensart, die vom Tisch als Mittelpunkt von „Erzählrunden" ausgeht).
- Großeltern erzählen von früher – von guten und von schlechten Zeiten.

– Ein Besucher erzählt ein aktuelles Ereignis (Unfall, Verkehrskarambolage, Demonstration), das durch seine Gegenwartsnähe in Bann hält und vielleicht zu Debatten Anlaß gibt.

Kinder, ob noch im Vor- oder bereits im Schulalter, sind nicht immer in solche freie Erzählungen unmittelbar einbezogen: Erwachsene schließen sie aus falschen oder berechtigten Rücksichten oft aus: „Das ist (noch) nichts für dich!" – „Das verstehst du (noch) gar nicht!" Kinder bilden aber unter sich bereits „Erzählkreise", kapseln sich wiederum nicht selten von den „unverständlichen" Erwachsenen ab und erzählen einander:

Was Kinder sich selbst gern erzählen

– frei erfundene, auch „erstunkene und erlogene" Geschichten;
– selbst Erlebtes, vor allem Schreckliches, mit Schmerzen Verbundenes, Ungewöhnliches, Überraschendes, Umwerfendes ...;
– literarische Vorgaben: Märchen, Sagen, lustige Geschichten, Witze, Fernseh-„Geschichten" („Habt ihr *das* nicht gesehen?").

Sinnvolle Medienerziehung

Gerade das gemeinsame Fernsehen (von für Kinder bestimmten Sendungen) birgt eine besondere Chance für das anschließende freie Erzählen. Dabei wird Unverdautes aufgearbeitet, Halbverstandenes geklärt, die eigene Meinungsäußerung gefördert, zum Gesehenen Stellung bezogen, Belastendes durch das „Herauserzählen" beigelegt, nicht selten auch von Erwachsenen wie Kindern – dazugelernt. Das Fernsehen oder auch Kassetten, Videos, Computerspiele u. ä. nur immer als Hindernisse für die Grundlegung literarischer Erziehung zu bezeichnen, ist nicht nur falsch, sondern auch gefährlich. Wir sollten eher die momentane Medien-Situation der Kinder aufgreifen und sie durch das gemeinsame Erleben, kreative Nacharbeiten, das „Fort-Erzählen" von Inhalten und Formen für die Kinder verfügbar machen.

Was ist Erzählen?

Erzählen ist weder Vorlesen noch Rezitieren noch Theaterspielen ...

Vilma *Möncкeberg* („Das Märchen und unsere Welt", S. 185 f.) sagt dazu: „Erzählen ist weder Vorlesen, noch Rezitieren, noch Theaterspielen. Es hat seine eigenen Gesetze ... Erzählen heißt: ‚Ich rede dich an, darum erwarte ich von dir Anteilnahme, Antwort, Resonanz.' Nichts lähmt den Erzähler mehr als ein passiver Konsument. Dieser nimmt ihm Kraft, die er sich dann vom Zuhörer, der ‚mitgeht', wieder zurückholen muß. Er blickt jeden einzelnen an und empfindet ihn als Gesprächspartner." Den landläufigen Erzähler unterscheidet Mönckeberg – „er ist völlig frei in seiner Wortwahl und in der Art des Erzählens" – vom Märchenerzähler, der es „mit geformten Texten" zu tun hat, die Tradition haben, festgefügt sind, „geronnen". Selbst beim Märchenerzähler will Vilma Mönckeberg noch einmal differenziert wissen. Sie stellt dem gemächlichen und gemütlichen „Es-war-einmal"-Erzähler (der manchmal sogar langweilig und eintönig klingen könne) den „Es-ist"-Typus gegenüber. Für letzteren sei „das Märchenerzählen nicht etwas Vergangenes", sondern „etwas, das immer wieder geschieht – leibhaft und konkret, wenn es durch das Mittel der Sprache beschworen wird" (S. 189).

Die Erzieherin, auch die Mutter, die Lehrkraft – wer immer Kindern erzählt – interessiert: Wie ist das: gut erzählen? Wie erreiche ich es, ein(e) gute(r) Erzähler(in) zu werden? So einfach wie die Frage gestellt werden kann, ist eine Antwort nicht zu finden. Grundsätzlich gilt, daß es keine allgemeinen „Richtlinien" fürs „gute" (heißt das: wirksame? anschauliche? nachdrückliche? wahrhaftige?) Erzählen gibt. Jeder Erzählende verrät nicht nur durch die Art und Weise seines besonderen Erzählens seine Persönlichkeit, er steht mit all seinen subjektiven Kompetenzen, seiner Ausstrahlung, seiner „Sprechperformanz" hinter dem jeweils Erzählten. Daher gilt für das Erzählen ganz besonders: es ist individuell.

Grundsätze für gutes Erzählen

Erzählt werden sollte:

- schlüssig,
- zügig,
- bilderreich,
- dem Inhalt angemessen (lustig, besinnlich, traurig, tröstlich),
- ohne schauspielerische „Penetranz", aber ausdrucksvoll,
- den Zuhörenden einbeziehend,
- in Maßen Mimik, vor allem aber die „sprechende" Hand-Gestik einsetzend,

– sprachverständlich,
– vorbehaltlos,
– biographisch-konkret.

Der Besuch von „Erzählseminaren“, aber auch entsprechende Lektüre (z.B. das Übungsbuch von Christel *Oehlmann:* „Garantiert erzählen lernen“, Rowohlt 1995) verhelfen zu einem Auf- und Ausbau der eigenen Erzählbereitschaft. Manchen Menschen allerdings wurde die Kunst des Erzählens bereits in die Wiege gelegt: Sie verstehen es, durch Sprachgestus und Haltung, durch Spannungserzeugung und Pausen-Einschübe, durch Stimm-Modulation, ja schon durch die Erzähl-Initiation („Das hast du noch nicht gehört…!“ – „Weißt du übrigens…?“) freies Erzählen fern allen akademischen Anstriches lebendig zu gestalten.

Erzähltalente können Vorbild und Anregung zugleich sein

Zwei Erzähltalente, die beide der gegenwärtigen Kinder- und Jugendliteratur eng verbunden sind, ja sie durch ihre Fähigkeit der Erzählintensität stark geprägt haben, seien hier erwähnt: Otfried *Preußler* und Rafik *Schami.* Preußler nannte sich selbst einmal einen „vergleichsweise simplen Geschichtenerzähler ohne alle gesellschaftlichen Ambitionen, mehr aus dem Herzen als mit dem Kopf schreibend“. Zu seinem 60. Geburtstag (1983) äußerte der damalige bayerische Kultusminister Hans *Maier,* Preußler bediene sich „nur“ der jahrhundertealten Herrlichkeit des Erzählens, des guten alten Fabulierens und gebrauche eine anschauliche, lebendige Sprache. Der Kinderbuchautor, der aus dem nordböhmischen Reichenberg stammt, gibt selbst Einblick in seine „Erzähler-Biographie“:

Otfried Preußler: „Ich bin ein Geschichtenerzähler“

> Als ich noch ein kleiner Junge war, da hat uns meine Großmutter vor dem Einschlafen oft Geschichten erzählt. Die Großmutter ist eine einfa-

che Frau vom Dorf gewesen. Sie hat noch gewußt, welche Kräuter man pflücken muß, um daraus einen Tee zu brauen, der gegen den Husten hilft. Sie hat auch gewußt, wie man Zahnschmerzen lindern kann, welche Mittel das Fieber senken, und was man zu tun hat, damit eine Wunde am Finger oder am Knie rasch zuheilt. Vor allem hat sie jedoch viele hundert Geschichten gekannt und uns Kindern erzählt: Geschichten von Drachen und Riesen, von klugen Schneidern und dummen Teufeln, vom Räuberhauptmann Schmirgel, vom Kater Sansibar und von unserem erklärten Liebling, dem kleinen Däumling. Noch heute gehören die Geschichten meiner Großmutter zu den schönsten Erinnerungen an meine Kinderzeit.

Als ich dann etwas größer war, durfte ich meinen Vater manchmal auf seinen Streifzügen durch das heimatliche Isergebirge begleiten. Dort oben, im nördlichsten Winkel des Landes Böhmen, sind damals noch in den Bauden der Iserleute mancherlei Märchen und Sagen erzählt worden, die mein Vater aufgeschrieben und gesammelt hat: von guten und bösen Zauberern, von vergrabenen Schätzen und Waldgespenstern, vom Wunderdoktor Kittel in Schumburg und vom Nachtjäger, den ich ein paarmal mit eigenen Ohren gehört habe, wenn er mit seinen Hunden in Sturm und Wetter über die schindelgedeckten Dächer dahingebraust ist. Sehr viel später dann, als ich erwachsen war, selbst schon eine Familie hatte und als Lehrer an einer Volksschule unterrichtete, habe auch ich mit Geschichtenerzählen begonnen. Es sind lauter Geschichten für Kinder gewesen: vom kleinen Wassermann, von der kleinen Hexe, vom kleinen Gespenst, von meinen Freunden Kasperl und Seppel, vom großen und bösen Zauberer Petrosilius Zwackelmann und vom Mann mit den sieben Messern, dem Räuber Hotzenplotz. Ich habe sie unseren drei Töchtern erzählt, die inzwischen selbst schon erwachsen sind; und ich habe sie meinen Schulkindern erzählt, von denen manche jetzt auch schon eigene Kinder haben. Später habe ich die Geschichten aufgeschrieben, dann sind sie gedruckt worden und als Bücher erschienen. Ich bin glücklich darüber, daß sie gern gelesen werden und daß ich vielen Kindern in aller Welt damit eine Freude machen kann.“

Aus der arabischen Erzähltradition erwuchs das vielfach ausgezeichnete literarische Werk von Rafik *Schami* (geboren 1946), der als 25jähriger in die Bundesrepublik Deutschland gezogen ist, hier nach einem Chemie-Studium promovierte und in der Industrie arbeitete und seit 1982 als freier Schriftsteller lebt („Eine Handvoll Sterne", „Erzähler der Nacht", „Der ehrliche Lügner", „Märchen aus Malula", das Bilderbuch „Der Wunderkasten" u. a.). In einer „Zeit"-Kritik wurde einmal formuliert: „Ralf Schami ist Erzähler, aber nicht romantisch zurückgewandt, sondern mit kulturkritischem Witz. Für Rafik Schami ist Erzählen keine germanistische Kategorie, sondern Lebensform, intensivster Ausdruck des Lebens. Wie nämlich Leben und Erzählen zusammenhängen, wie Erzählen und Zuhören einander bedingen …" (Hans ten Doornkaat).

Erzählen ist für Rafik Schami Lebensform

In dem Buch „Der ehrliche Lügner" (Beltz & Gelberg, 1992) versucht der Geschichtenerzähler Sadik, die Wahrheit zu ergründen. Dazu braucht er eine Lüge mehr als tausend Lügen. Und seine Erinnerung, zum Beispiel an den Circus India, ohne den Sadik gar kein Geschichtenerzähler hätte werden können.

Dem Kutscher Onkel Salim, schmächtig, klein und kurzsichtig („er war der großartigste Mensch, den ich kannte, und er blickte immer durch …"), verdankt Rafik Schami, wie er in so mancher Preisdankesrede gesteht (nachzulesen in „Vom Zauber der Zunge", Waldgut 1991), seine Erzählkompetenz. In dem Text „Die sieben Siegel der Zunge" (ebenda, S. 25 ff.) erzählt Schami von nichts anderem als vom Erzählen selbst:

Der Lehrer äußert sich darin, warum er gerne erzählt: „… weil ich es genieße, meine Schüler aus den Klauen der Langeweile zu befreien. Deshalb achte ich beim Erzählen mehr als beim Unterrichten auf die Form. Gerade die Form macht die Erzählung zum Kunstwerk und verschafft ihr Gehör über die Grenzen von Ort und Zeit hinweg. Das bloße Mitteilen können die Tiere effektiver als wir, aber nur der Mensch kann von Noch-nie-Dagewesenem erzählen. Ich erzähle gern, nur nicht, wenn ich traurig bin …" (S. 43).

Den Besitzer eines Cafés – Treffpunkt fürs Erzählen – läßt Rafik Schami in diesem Text nachts zum ersten Mal lange über das

3.

Erzählen nachdenken. Er erinnert sich, „daß die guten Erzähler die leisesten waren. Nein, weder deftige Worte, noch das Fuchteln mit Händen, noch die Höhe und Tiefe der Stimme machen einen Erzähler aus. Nur wer mit jeder Faser seines Herzens Erzähler ist, kann seine Zuhörer in die Welt seiner Geschichten entführen …“ Für die Zuhörer gäbe es „nichts Schlimmeres … als einen unglaubwürdigen Erzähler – einen, der so tut als ob. Ich habe gesehen und gelernt, daß ein Erzähler, der nicht mindestens mit einem Fuß in der Welt seiner Geschichten steht, scheitert, und es hilft ihm auch keine Anbiederung. Manche erwachsenen Zuhörer sind dem Erzähler gnädig und gähnen mit geschlossenem Mund. Wenn jedoch Kinder unter den Zuschauern sind, wird ein Erzähler spüren, wie gut oder schlecht er erzählt. Kinder sind die besten Zuhörer. Sie bezahlen gnadenlos und großzügig mit Ablehnung und Zustimmung – bar, versteht sich. Die

Wenn Rafik Schami über das Erzählen nachdenkt, verliert er sich wie von selbst ins Erzählen

guten Erzähler können die Zuhörer in ihren Bann ziehen, ohne dauernd arme Drachen Feuer speien, Hexen die irrsinnigsten Gifte zusammenbrauen oder Teppiche herumsausen zu lassen. Nein, in jeder Stadt, im kleinsten Keller kann ein Märchen geschehen, und der Flug der Schwalbe kann märchenhaft sein …" (S. 44 f.).

Ohne das „freie Erzählen" scharf vom „didaktischen Erzählen" unterscheiden zu wollen, soll im folgenden von einigen Möglichkeiten, praktisches Erzählen mit Kindern (in Familie, Kindergarten und Grundschule) zu pflegen, die Rede sein.

Beispiel 1

Ursula Wölfel: „Die Geschichte vom Feuersalamander"
(Aus: dies., „27 Suppengeschichten", K. Thienemanns Verlag)

Für Anfänger im Erzählen für Kinder sind kurze, prägnante „Reihungsgeschichten" geeignet

Die Geschichte vom Feuersalamander
Einmal hat es geregnet, und die Feuersalamander haben in ihren Erdlöchern gesessen und gefroren. Da hat einer von ihnen gesagt: „Tief unten in der Erde ist ein großes Feuer, dorthin will ich!" Die anderen Feuersalamander haben ihn ausgelacht, sie haben gesagt: „Wir wollen lieber auf die Sonne warten." Aber der eine Feuersalamander ist doch in die Erde gekrochen, an den Baumwurzeln vorbei und immer tiefer. Es war dunkel in der Erde, und der Feuersalamander ist sehr müde geworden. Aber er ist weiter und immer weiter gekrochen, immer tiefer hinunter: an den Wasserquellen unter der Erde vorbei, an den Kohlen in der Erde vorbei, an den Felsen mit den Edelsteinen vorbei. Endlich ist er an das große Feuer gekommen. Das war so heiß, daß die Steine gekocht haben, und es war außen blau und dann grün und dann rot und dann gelb, und in der Mitte war es weiß vor Hitze. Der Feuersalamander hat gestaunt, und er hat sich gewärmt an dem großen Feuer. Dann ist er wieder nach oben gekrochen. Er hat den anderen Feuersalamandern von dem großen Feuer erzählt, und sie haben gar nicht mehr gefroren, als sie das gehört haben. Er mußte es ihnen immer wieder erzählen, und sie haben dabei den kalten Regen ganz vergessen.

„Eine Reihungsgeschichte" (wie im Fall des Wölfel-Textes), so Christel *Oehlmann* („Garantiert erzählen lernen", S. 37), „ist eine Geschichte, in der (auch) gegangen wird, und zwar mit der Sprache, im ruhigen Schritt-Rhythmus, von einem Bild zum nächsten, von einem Geschehen zum folgenden. Sie dürfen dabei Wörter, Satzteile und Satzanfänge immer wieder wiederholen ..."
Ursula Wölfels „Suppengeschichten" hält die Pädagogin Oehlmann für sehr gut geeignet für Erzähl-Anfängerübungen. Sie rät konkret: „Nehmen Sie sich während des Erzählens Zeit für Pausen, damit Sie selbst und Ihre Zuhörer sich den Weg auch ganz genau vorstellen können." (S. 38)

Beispiel 2 *Erzählen im Morgenkreis*

Kindergarten und Grundschule betonen mit den Morgenerzählkreisen das gemeinschaftsbildende Element

Schon Kindergartenkinder lieben das Montags-Erzählen. Das Wochenende mit Eltern, Geschwistern, Großeltern, Freunden ... ist das Thema der Montags-Erzählkreise. Kinder äußern sich frei und ungeniert, wobei nicht selten auch familiär-intime Aspekte angesprochen werden. Für viele Kinder ist dieses erzählende Austauschen von großer psychologischer Wirkung: Sie entlasten sich durch das berichtende Erzählen, bringen ihre Ängste und geheimen Wünsche zum Ausdruck. Die erziehende/lehrende Person greift nach Gutdünken ein. Sie lenkt diese Erzählungen aber nicht in eine bestimmte Richtung. Vor allem läßt sie möglichst viele Kinder – am besten alle – zum Reden kommen.
Schulisch nutzbar machen sich viele Unterrichtskonzeptionen die Ergebnisse des Morgen-Erzählens:

- Festhalten von Stichpunkten an der Wandtafel oder auf der Overheadfolie,
- Formulieren einfacher Ereignistexte,
- Illustrieren dieser Texte durch Farbzeichnen, Malen oder Collagieren,
- Drucken der Eigentexte in der Schuldruckerei (nach Freinet) u.v.a.m.

Die Geschichte der Woche

Beispiel 3

Projekt „Die Geschichte der Woche" – eine Anregung für Grundschule und Hort

In Kindergarten, Hort und Grundschule kann das Projekt „Die Geschichte der Woche" eingeführt und für die Dauer eines Vierteljahres erprobend gehalten werden. Absicht ist, einzelnen Kindern Gelegenheit zu geben, das freie Erzählen zu üben. Das kann vor der Gruppe oder der ganzen Klasse (je nach Gegebenheit und kindlicher Disposition) geschehen. Die Erzählenden haben freie Wahl: ob sie ein Märchen, eine Gute-Nacht-Geschichte, einen Witz, ein Erlebnis aus dem Alltag erzählen, wird ihnen freigestellt. Erzählt wird immer zu einer vereinbarten Zeit in der Woche (Gewöhnung, Erwartung, Strukturierung der Ereignisse!). Die Zuhörenden wählen vorher einen „Geschichten-Ausschuß": Er nimmt die „Geschichte der Woche" zum Beispiel auf Kassette auf, schreibt sie mit (ab 3. Schuljahr), gestaltet sie mit bildnerischen Mitteln oder überträgt sie in ein „Geschichtenheft" oder „Geschichtenbuch". So wird Erzähltes „konserviert", es kann zu späteren Zeitpunkten, evtl. auch zu Schulfeiern, Elternabenden u. ä., wieder hervorgeholt werden.

Die Gute-Nacht-Geschichte

Beispiel 4

Von den beliebtesten Erzählsituationen steht die „Gute-Nacht"-Szene an erster Stelle

Väter sind erfindungsreiche Gute-Nacht-Geschichtenerzähler. Das lehrt die Erfahrung. Manche Väter (und Großväter) haben es zu wahren Meistern im Gute-Nacht-Geschichten-Wiedergeben und -Erfinden gebracht. Die Kinder erinnern den Vater (Großvater) an die Stelle, an der am Vorabend mit dem Erzählen aufgehört oder abgebrochen wurde, und der Vater ist gehalten, mit dem gleichen Repertoire und der gleichen Personal-Besetzung die Geschichte fortzusetzen. Nicht selten wird daraus eine „unendliche Geschichte", verwoben mit biographischen Elementen aus der Baby-Zeit des zuhörenden Kindes oder des Erzählers. Der Phantasie sind keine Grenzen gesetzt. Die Länge der Erzählung sollte allerdings der Belastbarkeit des einschlafenden Kindes angemessen werden.

3.

Selbstverständlich können auch Bildergeschichten gezeigt, Bilderbuchgeschichten frei nacherzählt oder eben auch Gute-Nacht-Geschichten aus Sammlungen entlehnt, teils erzählt, teils vorgelesen werden. Anregungen zu einer Fülle unterschiedlich langer und gattungsmäßig differenzierter Gute-Nacht-Geschichten gibt das Buch „Schlaf nun schön und träume süß“, hg. von Hans *Gärtner* (Echter, 1994). Es faßt alle denkbaren „Erzähl-Inhalte“ für Kinder von etwa 4 Jahren bis 8 Jahren zusammen, indem es verschiedene Geschichtentypen nennt: seltsame, phantastische, märchenhafte Geschichten, Trost-, Mitfühl-, Sehnsuchts- und „Augen zu“-Geschichten.

Zusammenfassung

Erzählen und Zuhören

- greift Traditionen auf, die im mündlichen Weitergeben von Erlebnissen und Ereignissen fußen
- fordert den Menschen als sich mitteilendes Wesen durch die empfundene, natürlich eingesetzte Erzählsprache
- läßt Gemeinschaft erleben und erfahren
- setzt besondere Erzählhaltungen voraus
- muß sowohl von Erwachsenen als auch von Kindern erworben und geübt werden
- stellt sich keineswegs den modernen Medien (Fernsehen, Audio- und Videokassetten, Computerspiele) entgegen, sondern greift sie gerade auf
- läßt verschiedene erzähltypische Stoffe und literarische Gattungen zur Wirkung kommen, insbesondere Märchen, Sage, Legende, aber auch Witz, Alltagsgeschichte usw.
- setzt im vorschulischen Bereich (Familie, Kindergarten) ein und wird im Bereich der Schule (v.a. Grundschule) mit didaktischen Intentionen und Mitteln fortgeführt
- bildet die Grundlage für „Erzählverstehen“ (Film, Fotoroman, Textroman, Drama, Erzählgedicht u. a.)

4. Buchstaben – eine Entdeckung!

Die „Nase-darauf-stoß-Methode“ wäre das Schlimmste, was Drei-, Vierjährigen in ihrem Lese-Leben passieren könnte: „Da, schau doch hin, Kind! Siehst du nicht? Das ist ein A! Sprich mir nach: ‚aaah‘! Das ist der Buchstabe A, und so spricht man ihn aus …!“

Die Nase-darauf-stoß-Methode wird von bildungswütigen Eltern bei ihren Kindern angewandt, um diese möglichst bald nachdrücklich auf die zu lesenden Buchstaben, Wörter und Texte aufmerksam zu machen. Solche Eltern soll es geben. Sie erhoffen sich von ihrem Kind eine möglichst rasche Zuwendung zu Gedrucktem, um in kürzester Zeit nicht nur „lesen“ zu können, sondern (dadurch) auch zu den Gescheiten zu zählen. Das alles nach dem Motto „Was Hänschen nicht lernt, lernt Hans nimmermehr“. So viel Wahrheit in dieser Redewendung stecken mag – sie trifft in puncto Lesenlernen nicht ins Schwarze. Freilich lernen Kinder je früher, je leichter. Vorausgesetzt aber: sie sind dazu motiviert. Eine solche Motivation muß wachsen können, muß sich allmählich entfalten dürfen. Mit Zwang und Druck erreichen Eltern nur das Gegenteil:

Kinder müssen von selbst auf den Geschmack kommen, Buchstaben zu entdecken

Das Kind wendet sich von allem Gedruckten ab, es verbindet erlebte Negativerfahrungen damit und sträubt sich gegen solche „Vereinnahmungsversuche“. Mit Recht. Denn Kinder sollen sich frei entfalten dürfen – und das gilt bis weit in die Schulzeit hinein, auch wenn diese von „Lernzielen“ und „Lernaufgaben“, von Stoffpensen und Fächerkanons gekennzeichnet sein wird.

Es zählt zu den schönsten Momenten literarischer „Grundlegungsbemühungen“ Erwachsener, Kinder dabei zu ertappen, wie sie ihre ersten Buchstaben selbst entdecken. „Entdecken“ – dieser oft strapazierte lerntheoretische Begriff („entdeckendes Lernen“) ist hier, in der natürlichen vorschulischen Lebenssituation, ganz wörtlich zu verstehen: eine Sache, die bislang keine Aufmerksamkeit erfuhr, die „zugedeckt“ blieb, vielleicht sogar in gewisser Hinsicht „verdeckt“, „verschleiert“ – eine solche Sache in einem un-erwarteten Augenblick klar vor sich zu sehen, ihr die Decke wegzuziehen, die sie bisher verhüllte.

Kein Zweifel: Kinder werden heute ausnahmslos in einer von Buchstaben und Wörtern (noch nicht: Texten) nur so strotzenden Umgebung groß. Fahren sie im Auto mit, sehen sie Großbuchstaben auf Autokennzeichen. Diese Großbuchstaben schauen sich Kinder oft schon im Alter von drei Jahren intensiv an, die Ziffern nicht weniger genau. Nicht selten fragen Vierjährige nach der Bedeutung dieser Buchstaben.

In der alltäglich erlebten Umgebung tauchen Buchstaben auf – einzeln und in Wörtern

Der fünfjährige Bruder eines vierjährigen Mädchens erklärte seiner Schwester wie selbstverständlich, was „das A da vorne dran“ bedeutet: „Agschbuag! Was denn sonst?!“ Für den Fünfjährigen war völlig klar, daß dieses „A“ auf dem Autoschild ein Zeichen ist, ein Kürzel für ein Wort. Und dieses Wort ist ein Name, der Name der Heimatstadt des Fünfjährigen: Augsburg. In der stark dialektgefärbten Aussprache tritt das selbstinterpretierte „A“ kindlogisch an die Stelle von „Agschbuag“, in dem tatsächlich ein (heller, offener) „A“-Laut identifizierbar ist. Die Zeichenhaftigkeit eines Buchstabens wird also relativ früh und selbständig erkannt.

Buchstaben, vor allem Großbuchstaben unseres Alphabets, werden (wie Hans *Brügelmanns* Forschungen zeigen) von Kindern in Ganzwörtern („Schriftzügen“) als Merkmale und als Etiketten interpretiert und benannt. Jede Mutter erlebt, daß ihr vierjähriges Kind, mit dem sie mehrmals pro Woche bei einem Gebäude mit prägnantem Hinweisschild *(Bank, Post, Bahnhof, Freibad ...)* vorbeikommt, diese Aufschrift wahrnimmt. Die wenigsten Kinder reagieren unmittelbar auf einen derartigen optischen „Reiz“. Sie nehmen ihn wahr, ohne sich auf ihn näher einzulassen (wir sind gewohnt, dies „unbewußt“ zu nennen). Er prägt sich ihnen unwill-

Ganze Wörter füllen sich für das Kind mit Bedeutungen im täglichen Erleben kürlich ein. Hat ein Kind den sozialen Bedeutungskontext (zum Beispiel von *Bank:* die Mutter hebt dort Geld ab, begleicht Rechnungen) erfahren, begreift es auch den semantischen Zusammenhang: das gedruckte Wort *Bank* hat etwas mit Geld zu tun. Dabei darf davon ausgegangen werden, daß es sich nicht um ein „elementares" Erkennen (einzelner Buchstaben oder Buchstabenverbindungen) handelt, sondern eher um ein Erfassen der gesamten „Wortgestalt", des „Wortbildes".

Die Werbung bringt Kinder heute frühzeitig mit typischen, einprägsamen Wörtern in Berührung

Kinder sind deshalb so leicht von der auf „Etiketten" abzielenden Werbung (Plakate, Anzeigen, Fernseh-Spots) zu beeindrucken, weil deren typische Schriftzüge *(Milka, Coca Cola, Audi ...),* verbunden mit merkmalskohärenten Farben und Formen (im Fernsehen kommen gesprochene und gesungene Slogans hinzu), sich gleichsam spielend einprägen. Das durch das Auftauchen der „Marke" vor dem Auge oder dem Ohr des Beworbenen hervorgerufene „Aha-Erlebnis" erzeugt ein positives Gefühl (wiedererkennen, sich daran erinnern) im Kind, und das dürfte mit ausschlaggebend dafür sein, daß Kinder sich ganze Markennamen ohne weiteres aneignen.

Noch bevor die Kinder Buchstaben als häufig auftretende und wiederkehrende Bestandteile von Schrift entdecken, werden sie auf bildmarkante Zeichen in ihrer Umgebung aufmerksam. Dazu zählen – von den Kindern beliebt und sehr früh „gelesen" – die Verkehrszeichen. Ohne verbal exakt beschrieben zu werden, internalisieren sie die Kinder schon mit vier Jahren. Das Auto mit den „Würmern" wird selbständig richtig als ein ins Schleudern gekommener Wagen erkannt. Der Reiter (weiße Figur auf blauem Grund) wird ebenso wie das Fahrrad (weiße Schemazeichnung auf blauem Grund) als ausschließlich an dieser Stelle verkehrende Teilnehmer interpretiert. Auch die Warndreiecke (Rot als Warnfarbe prägt sich früh ein) für „Baustelle", „Fußgängerüberweg" oder „Schnee- oder Eisglätte" können kleine Kinder im Vorschulalter oft schon definieren. Dieses wahrnehmende Interpretieren von Zeichen und Schemata ist bereits eine Art Lesen: Bildzeichen (relativ konkret gebliebene gegenständliche Bilder) werden optisch aufgenommen und mit Sinn belegt. Recht bald unterscheiden Kinder dann auch

Verkehrszeichen sind erste Piktogramme (Bildzeichen), die Kindern bekannt werden und die sie „lesen"

Gebots- und Verbots- bzw. Warnverkehrsschilder – und gelegentlich ist dann ein Schriftzug (STOP) oder auch nur ein Initial-Buchstabe (P für „Parken") so auffallend, daß sich der abstrakte Buchstaben-„Körper" – bei mehrmaliger Wiederholung – bald optisch einprägt. Das P gehört daher heute zu den am raschesten „gelernten" Großdruckbuchstaben, Leselehrgänge machen diese frühkindlichen Zeichen-Entdeckungen für den sogenannten Leselernprozeß nutzbar und thematisieren sie.

Auch Einzelbuchstaben werden Kindern aus ihrer „verschriftlichten" Umwelt geläufig

Lesen im Sinne des Alphabetisierens (Kennenlernens einzelner Buchstaben des Alphabets, auch einzelner Buchstabengruppen und prägnanter Wortbilder) beginnt funktional lange Zeit vor Schuleintritt. Kinder kommen oft schon mit recht gefestigten Elementen-Kenntnissen in den Anfangsunterricht. Das „i" kennen sie vom „Informations"-Schild am Bahnhof. Die Buchstaben „W" und „C" sind ihnen in der Kombination „WC" (für Wasser-Closett) zumindest inhaltlich geläufig („Das heißt Klo!" sagt die Fünfjährige altklug zu ihrer Oma). Von hier aus ist es nicht mehr weit zu den Namens-Initialen. Früher wurden sie in Taschentücher und Wäscheteile kunstvoll eingestickt, im Handarbeitsunterricht wurde ein Stick-Alphabet in Kreuzstichtechnik als Wandschmuck gefertigt, Vornamen auf Hausglockentäfelchen werden noch heute abgekürzt … Großbuchstaben sind meist die ersten Einzelbuchstaben, die Kinder sich optisch einprägen. Erfahrungsgemäß sind es dann auch Groß(druck)buchstaben, die die Kinder zu ihrem eigenen Namen schreibkritzelnd synthetisieren, wie hier die fünfjährige Corinna:

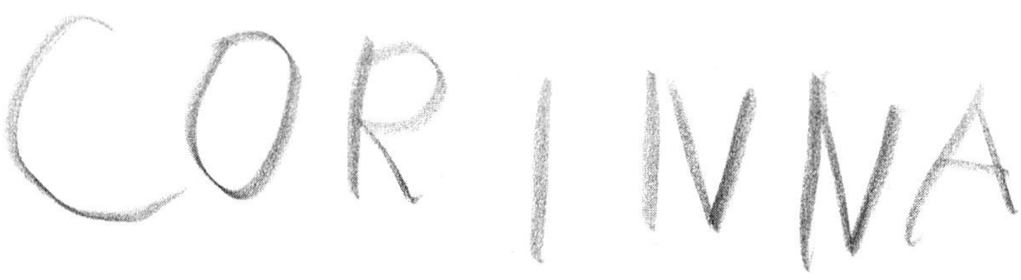

4.

Der eigene Vorname wird von vielen Kindern schon mit 4–5 Jahren gern geschrieben, meistens in Großbuchstaben

Der Vorname des Kindes ist ein „persönliches“, ein „Eigen“-Wort. Zu diesem Wort hat das Kind eine genuin authentische Beziehung. Mit Stolz sagt es: „Ich heiße …“ – und nennt sich selbst beim Namen. Das Kind sieht sich im Mittelpunkt allen Geschehens: Vier- bis Sechs-/Siebenjährige sehen alles auf sich bezogen; sie denken egozentrisch. Den eigenen Namen „schreibt“ das Kind „buchstabierend“ auf Mitteilungen (z.B. an die Mutter), unter angefertigte Zeichnungen, auf ein Kinderzimmertürschild: „Bitte nicht stören – HEINI!“

Zweifellos geschieht beim Schreiben des eigenen Vornamens das, was später beim schulisch geförderten Schreiblernprozeß wichtig ist: Kontrolliert, der Norm angenähert (noch nicht angepaßt) und bedächtig setzt das Kind, ungelenk noch und oft den einen oder anderen Großbuchstaben verdrehend bzw. auf den Kopf kippend, ein Schriftelement nach dem anderen geradezu malend auf die Schreibunterlage: Papier, Karton, Tapete … Es setzt damit ein Zeichen: Das bin ich. Das gehört mir. Das besetze (besitze) ich. Schau her, so heiße ich. Lies doch. Ich schreibe – du liest, was ich geschrieben habe. Der kommunikative Aspekt des „Schriftspracherwerbs“ beginnt Gestalt anzunehmen. Sprach- und Schriftspracherwerb sind individuell bestimmte, von den Erziehenden (Eltern stehen am Anfang, Lehrende am Ende dieses Prozesses, bis er auf das Selbst und in dessen Eigenmächtigkeit übergeht) provozierbare und anregbare Bereiche des Menschwerdens. Jedes Kind wird eine je subjektive Erfahrung mit ersten Schriftele-

menten machen. Manchen Kindern bleiben solche Erfahrungen weitgehend versagt. Sie müssen warten, bis sie zur Schule kommen, in der sie in die sogenannten elementaren Kulturtechniken des Schreibens, Lesens und Umgehens mit Zahlen und Mengen eingeführt werden.
Was Eltern und Erziehende bereits im Vorschulalter tun können, um diesen Lernprozeß zu fördern, zeigen folgende Hinweise:

Erste Buchstaben und Wörter zu „sehen" und auch zu produzieren kann gefördert werden

- Kinder auf Buchstaben und Wörter in ihrer alltäglichen Lebenssituation immer wieder aufmerksam machen;
- ihnen häufig anzutreffende Wörter (Aufschriften, Eigennamen, Buchtitel, Ortsbezeichnungen …) und Einzelbuchstaben („P" am Parkplatz) vorsprechen und erklären;
- ihnen die Möglichkeit geben, nach Lust und Laune mit Wachsmalkreiden o.ä. (noch nicht mit Füller oder Bleistift, am besten nicht vor dem 10. Lebensjahr mit Kugelschreiber) zu „schreiben";
- Situationen schaffen, in denen Vor- und Grundschulkinder gelegentlich „beschriften" können: Pakete, Schilder, Einladungskarten, Fotos im Album …;
- Zeichen in ihrer Umwelt „lesen" lassen: Was könnte dieses Zeichen bedeuten? Warum ist es gerade an dieser Stelle angebracht? Wie könntest du das Zeichen erklären, wenn dich ein Ausländer danach fragt (Einbezug von Mimik, Gestik, Pantomimik)?
- Buchstaben nach ihrem „Lautwert" (Normallaut) immer wieder abhören lassen, hinweisen auf die Beziehung Laut – Lautzeichen (Buchstabe/n).

Beispiel 1

Ratespiel: „Ich seh' etwas, was du nicht siehst"

Besondere Freunde zeigen Kinder, schon kurz vor Einschulung, aber auch noch als „Abc-Schützen", an Buchstaben-Spielen. Eine Quelle solcher Spiele ist Hans-Dieter *Bunks* Buch „ABC-Projekte"(1995). Den alten Abc-Büchern folgend, kann das Ratespiel *„Ich seh' etwas, was du nicht siehst"* im Freundeskreis gespielt werden:

4.

Akustische Wahrnehmungsübungen sollten spielerisch in Themen integriert werden

- Ich sehe zwei Sachen, die mit „a“ anfangen (Apfel, Arm).
- Ich sehe zwei Sachen, die mit „f“ beginnen (Flasche, Feder).
- Ich sehe vier rollende Sachen, von denen zwei mit „r“ anfangen (Rad, Roller, Lok, Wagen).
- Ich sehe lauter Sachen, von denen überhaupt keine mit „l“ anfängt (Federmäppchen, Heft, Radiergummi, Bleistift, Buch, Buntstift …)

Es empfiehlt sich, solche „akustische Wahrnehmungsübungen“ spielerisch einzustreuen, auch um die Laut-Differenzierung beim schon lesenden Kind zu verfeinern.

Beispiel 2 *Gegenstand-Bestimmungs-Spiel*
(kann selbst zeichnerisch hergestellt werden)

- Zwei von drei Sachen fangen mit „a“ an:

- Nur eine der fünf Sachen beginnt mit „b“:

- Zeig mir, was mit „e“ endet:

– In welchem Gegenstandsnamen ist ein „o“ zu hören?

Im Vorschulalter gelingt es noch nicht immer, einem Laut einen bestimmten Buchstaben (einer Buchstabengruppe, z. B. „ng“, „sch“, „pf“) zuzuordnen. Dies ist vielmehr eine Fähigkeit, die mit 6/7 Jahren gut erreichbar und damit Gegenstand des Leselernprozesses im 1./2. Schuljahr ist. Aber im Kindergartenalter ist es schon gut möglich, Interjektionen (Ausrufe) als Laute zu hören und zu produzieren. Das kann spielerisch in ein übergreifendes Thema (Kindergartenarbeit) eingebaut werden:

Sage, was du fühlst, mit einem Laut: **Beispiel 3**

- „m“ (Wohlgeschmack – Bäuchlein reiben)
- „o“ (Erstaunen – große Augen machen)
- „au“ (Schmerz – Gesicht verziehen)
- „a“ (Überraschung – Hände hochwerfen)
- „i“ (Entsetzen – Gesicht verziehen)
- „u“ (Grausen – Buckel machen, wegschleichen)
- „ha“ (Lachen – fröhlich sein)
- „he“ (Vorsicht – Zeigefinger heben)

Wenn Sachen reden könnten, dann wohl so: **Beispiel 4**

- „sch sch sch...“ (Lokomotive)
- „ffffff...“ (Kerze ausblasen)
- „rrrrrr...“ (Preßluftbohrer)
- „ssssss...“ (Biene, Fliege ...)
- „pffffff...“ (Reifenventil)
- „ftftft...“ (Luftpumpe)
- „uuuuuuhhh...“ (Sirene)

Anfangsbuchstabe und Anlaut eines geschriebenen (gedruckten) und gesprochenen (gehörten) Wortes sind am ehesten – bereits von Fünfjährigen, vor allem dann von Sechs-, Siebenjährigen – in Korrespondenz zu bringen: Der „Affe" (das Wort „Affe") fängt mit einem „A" an. Die vielen Abc-Bücher, die sich in langer Tradition seit dem 18., besonders dann seit dem 19. Jahrhundert bis heute gehalten haben, bedienen sich dieser kindgemäßen linguistischen Gegebenheit und kultivieren sie in zahlreichen Varianten. Dabei werden, dem Alphabet folgend, assoziative Verknüpfungen von Bild („Affe") und gesprochenem (gedrucktem) Wort („Affe") erwartet. Durch Benennungsversuche der Kinder der ihnen gezeigten Bilder erreicht man allmählich die erwünschte Identifizierung. Die meisten Abc-Bücher unserer Zeit überfordern das Vorschulkind. Sie werden erst im Schulalter interessant, wenn die Kinder das Abc einigermaßen beherrschen – oder es eben durch den Umgang mit dem Abc-Buch vertiefen.

Wert und Bedeutung von „Abc-Büchern" sind nicht zu unterschätzen

Zwei Arten von Abc-Büchern können grundsätzlich unterschieden werden: die „Entdeck-" und die „Lern-Spiel"-Bücher (s. S. 64 f.) Sie bauen aufeinander auf. Die „Entdeck"-Bücher sollten in der Regel vor den „Lern-Spiel"-Büchern gezeigt werden; jedoch wird der spontane Zugriff des Kindes den Ausschlag geben.

Beispiel 5

„Geister-ABC" von Annette Herzel (Bilder) und Helmut Kunze (Text) (Breitschopf, 1991)

Dieses großzügig mit phantastischen Tiergestalten ausgestattete Abc-Bilder-Buch von künstlerischer Qualität und mit lustigen Schüttelreimen eignet sich für Kinder von etwa fünf bis sechs Jahren. Die „unmöglichen" Tiernamen (IVOR, JOCK, KOSIMAUS) sind in Großbuchstaben gesetzt, entsprechen damit also ganz dem Wunsch des Kindes, seinen eigenen Namen in großen Lettern („Steinschrift") zu schreiben und zu lesen. Was in den verspielten, sprachwitzigen Reimen ausgesagt ist, kann zum größten Teil in den gemalten Bildern wiedergefunden werden. Die Schüttelreime lassen in ihrer Verdrehung der Silben das Kind für Nonsense sensibel

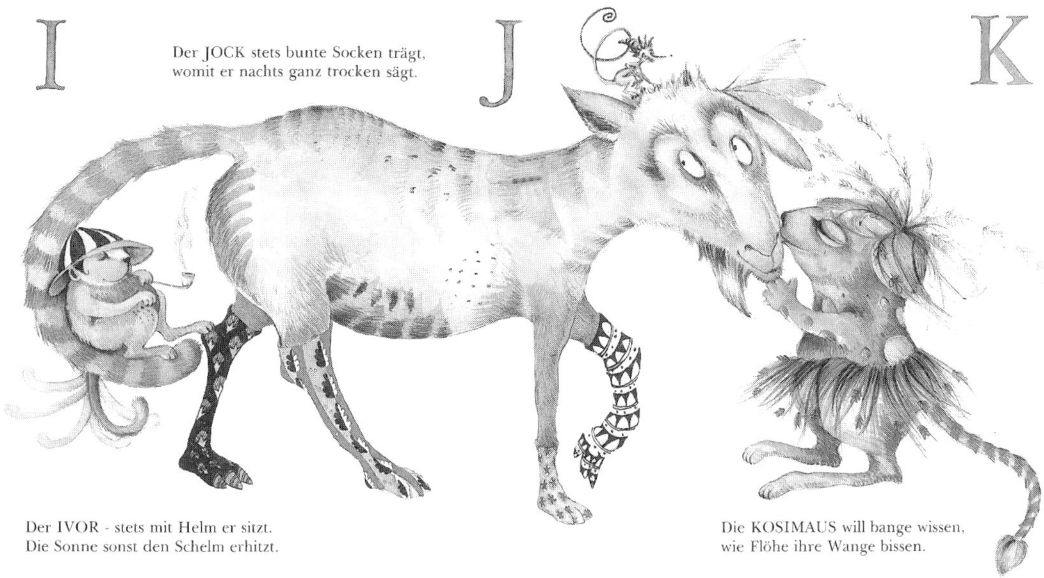

werden, wobei der hier gebrauchte Wortschatz auch keine Überforderung für kleinere Kinder bedeutet. Dieses Abc-Buch gehört sicher zu denen, die schon kleine „Leserinnen" und „Leser" – gerade wegen des phantastischen Anstrichs – genießen. Das „Lesevergnügen" erhöht sich durch Sprechversuche!

„Einhören" auf Laute und Lautkombinationen kann auf vielfältige Weise literarisch geschehen

Zum Hören bestimmt (zugleich ein Ein-Hören in Anlaute, Abc-Reihe und Paarreime) ist alles, was an kindgerechten „Abc-Versen" und „Abc-Gedichten", gereimte Rätsel eingeschlossen, das allmählich auch differenzierte Sprachgebilde aufnehmende Ohr reizt. Das kann mit lustigen, verrückten Anlautwort-Sätzchen beginnen:

Beispiel 6

- Am Abend aß Anna acht Ananas.
- Bine bringt braungebackene Bäcker-Brezeln.
- Fritz findet Ferry fürchterlich frech.
- Nanni nannte nie Noras Nach-Namen.
- Wie wird wohl Werners Wandertag werden?

(Hans Gärtner)

Abc-Entdeck-Bücher

Kurzcharakteristik:

- sind nach dem Alphabet geordnet
- stellen die Großbuchstaben, auch die Kleinbuchstaben, heraus
- ordnen den Einzelbuchstaben Abbildungen von Gegenständen zu, die mit diesem Einzelbuchstaben beginnen
- bringen sog. Buchstabengeschichten, die das Abc betonen
- regen zum optischen (weniger: auch akustischen) Wahrnehmen der Einzelbuchstaben an

Vermittlungssituation:

- Vorschuleinrichtungen (z. B. Kindergarten), aber auch Eltern bieten eine erste Begegnung mit den Elementen der Schriftsprache an
- Buchstaben entdecken lassen (erkennen, wiedererkennen, benennen mit dem „Buchstabennamen“)
- Einprägen von Buchstabenversen (Zweizeiler)
- Zielgruppe: Kinder ab 4 (bis ca. 7) Jahren

Beispiele:

- Dönges-Sandler / Pregel: *Das Buchstabenbilderbuch,* 1988 (Bertelsmann)
- Andresen / Popp: *ABC und alles auf der Welt,* 1995 (Ravensburger)
- Zander / Nuotio: *Die große ABC-Jagd,* 1993 (Time-Life)
- Wormell, Christopher: *Ein ABC-Buch,* 1992 (Sauerländer)
- Lecher, Doris: *Das bunte ABC-Such-Bilderbuch,* 1996 (Herder)

Abc-Lern-Spiel-Bücher

Kurzcharakteristik:

- sind nach dem Alphabet geordnet
- bringen zum Abc passende Geschichten, Verse, Bilder
- intendieren teilweise didaktischen Lernzuwachs und bedienen sich Übungsformen des Erstlese-Unterrichts
- unterstreichen das Poetisch-Lustige der „Buchstaben-geschichten"
- wagen sich schon an Hintergründig-Satirisches im Zusammenhang mit den Buchstaben

Vermittlungssituation:

- Selberlesen, aber auch noch Vorlesen und gemeinsames Betrachten
- Schule rückt stärker in den Vordergrund
- Reim und Rhythmus im Nachsprechen und teilweise freien Erfindungen betonen
- Zielgruppe: Kinder ab 6 (bis ca. 9) Jahren

Beispiele:

- Mai / Müller: *Mein Kinder-ABC,* 1991 (Ravensburger)
- Kolarz, Ursula: *Das Mops-ABC,* 1994 (rororo)
- Walbrecker / Hölle: *Das lustige Leselernbuch,* 1991 (Annette Betz)
- Stolte, Reiner: *Das verrückte ABC,* 1993 (Schneider)
- Fühmann / Herfurth: *Von A bis Z. Ein Affenspaß für Alfons,* 1992 (Kinder-Buch)

4.

Beispiel 7 *Hans Gärtner: „Buchstaben entdecken“*

Das (große) A, das (kleine) a,
die habe ich entdeckt.
Mit A fängt ja der Ali an,
und a hat sich im Sand versteckt.

Das B, das b,
die habe ich entdeckt.
Mit B fängt ja der Benni an,
und b hat sich im Laub versteckt.

Das C, das c,
die habe ich entdeckt.
Mit C fängt ja die Carmen an,
und c hat sich im Sack versteckt.

Das D, das d,
die habe ich entdeckt.
Mit D fängt ja die Doris an,
und d hat sich im Rad versteckt.

Das E, das e,
die habe ich entdeckt.
Mit E fängt ja die Evi an,
und e hat sich im Nest versteckt.

Das F, das f,
die habe ich entdeckt.
Mit F fängt ja der Felix an,
und f hat sich im Heft versteckt,

Das G, das g,
die habe ich entdeckt.
Mit G fängt ja die Gitti an,
und g hat sich im Berg versteckt.

Das H, das h,
die habe ich entdeckt.
Mit H fängt ja der Heiner an,
und h hat sich im Ohr versteckt.

Das I, das i,
die habe ich entdeckt.
Mit I fängt ja die Irmi an,
und i hat sich im Fisch versteckt.

Das J, das j,
die habe ich entdeckt.
Mit J fängt ja der Jani an,
und j hat sich im Fjord versteckt.

Das K, das k,
die habe ich entdeckt.
Mit K fängt ja der Kevin an,
und k hat sich im Keks versteckt.

Das L, das l,
die habe ich entdeckt.
Mit L fängt ja die Lisa an,
und l hat sich im Hals versteckt.

Das M, das m,
die habe ich entdeckt.
Mit M fängt ja die Mara an,
und m hat sich im Hemd versteckt.

4.

Das N, das n,
die habe ich entdeckt.
Mit N fängt ja der Norbert an,
und n hat sich im Kind versteckt.

Das O, das o,
die habe ich entdeckt.
Mit O fängt ja der Ossi an,
und o hat sich im Rock versteckt.

Das P, das p,
die habe ich entdeckt.
Mit P fängt ja die Pia an,
und p hat sich im Mops versteckt.

Der Q, das q,
die habe ich entdeckt.
Mit Q fängt ja der Quirin an,
und q hat sich im Jacques versteckt.

Das R, das r,
die habe ich entdeckt.
Mit R fängt ja der Rudi an,
und r hat sich im Korb versteckt.

Das S, das s,
die habe ich entdeckt.
Mit S fängt ja die Sarah an,
und s hat sich im Kreis versteckt.

Das T, das t,
die habe ich entdeckt.
Mit T fängt ja die Trixi an,
und t hat sich im Latz versteckt.

Das U, das u,
die haben ich entdeckt.
Mit U fängt ja die Ute an,
und u hat sich im Schuh versteckt.

Das V, das v,
die habe ich entdeckt.
Mit V fängt ja der Volker an,
und v hat sich im Steve versteckt.

Das W, das w,
die habe ich entdeckt.
Mit W fängt ja der Willi an,
und w hat sich im Twist versteckt.

Das X, das x,
die habe ich entdeckt.
Mit X fängt ja der Xandi an,
und x hat sich im Text versteckt.

Das Y, das y,
die habe ich entdeckt.
Mit Y fängt Yvonne an,
und y im Baby steckt.

Das Z, das z,
die habe ich entdeckt.
Mit Z fängt ja die Zoe an,
und z hat sich im Arzt versteckt.

4.

Wortwiederholungen und Mitmach-Verse schulen Gehör und Gedächtnis

Kleinen Hörern und ungeübten Lesern kommen Wiederholungen entgegen. Sie erlauben es den Kindern, nach wenigen Versen in den Reimfluß „einzusteigen", auch wenn sie die jeweiligen Abc-Wörter nicht ahnen können. Sie können jedoch analoge Wörter (in diesem Fall: Vornamen) finden. Das Wort, in dem sich der kleine Buchstabe „versteckt" hat, muß den Kindern allerdings aufgeschrieben werden. Sie könnten die Wortbedeutung (z. B. Sack bei „a") malen und versuchen, darin den kleinen Buchstaben zu „verstecken" (Schulalter). Außerdem gibt es das:

Buchstaben-Entdeckspiel

Spielanleitung

1. Auf DIN-A4-große Kartons werden vorher mit dickem Farbfilzstift die Groß- und Kleinbuchstaben des Alphabets geschrieben. Es können auch nur einige Buchstaben ausgewählt werden – je nach der Anzahl der vorhandenen Kinder oder der zur Verfügung stehenden Zeit.

2. Auf die Rückseite der Kartons mit den Kleinbuchstaben werden in einfacher Art Bilder nach dem jeweils vorletzten Wort der 4. Verszeile gemalt (also: Sand, Laub, Sack usw.). Das Wort („Sand" usw.) wird mit schwarzem Filzstift in das Bild hinein (also in den Sand hinein) geschrieben, der Kleinbuchstabe (in diesem Fall „a") in der gleichen Farbe wie vorne auf dem Karton.

3. Die Buchstabentafeln werden auf die Kinder so verteilt, daß ein Kind immer zwei verschiedene sowie einen großen und einen kleinen Buchstaben hat, also z. B. *A* und *r*.

4. Ein Kind wird auf Buchstaben-Entdeckungsreise geschickt. Es fragt laut:

   „Das große A, das kleine a –
   wo sind denn die versteckt?"

5. Die Gesuchten müssen reagieren. (Ihnen wurden vorher die beiden Buchstaben gut ins Gedächtnis eingeprägt.) Sie treten aus der Gruppe mit ihren Buchstabenkartontafeln heraus, halten sie für alle sichtbar hoch und gehen zu dem Suchkind hin.

6. Das Suchkind begrüßt die beiden Ankömmlinge:
   „Das große A, das kleine a,
   die habe ich entdeckt!"

7. Das A-Kind sagt:
   „Mit A fängt ja … (z. B. der Ali; die Anna) an!"
   Das angesprochene Kind (Ali, Anna) kommt heraus und erhält die A-Tafel.

8. Inzwischen hat das a-Kind seinen Karton umgedreht, zeigt ihn allen anderen und sagt:
   „… und a hat sich im Sand versteckt".

9. Alle anderen Kinder:
   „Wer hat denn das wohl ausgeheckt?"
   und wiederholen dann den ganzen Abc-Vers zum A, a.

Nachbemerkung:
Es müssen keinesfalls alle 26 Strophen auf einmal gespielt werden. Auswählen! Aufteilen auf mehrere Tage (Wiederholungsmöglichkeit der schon „gespielten" Buchstaben).
Buchstaben-Kartons nach Art des „Buchstabenhauses" an einer Zimmerwand aufreihen. Das Abc ist dann für längere Zeit immer im Raum vorhanden.

Ein Hör-Ereignis für Kindergartenkinder und ein Lese-Ereignis für Schulkinder (ab dem 3. Schuljahr) ist auch immer wieder Wilhelm *Buschs* „Naturgeschichtliches Alphabet":

Beispiel 8

Im Ameisenhaufen wimmelt es,
Der Aff' frißt nie Verschimmeltes.
…

Beispiel 9 *Josef Guggenmos: „Die mit ‚ü' und die mit ‚a'"*
(Aus: ders., „Rätselgeschichten", Loewe, 1985, S. 23 f.)

Auf dem Feld,
wen sah ich da?
Solche mit „ü"
und solche mit „a".

Die mit „a"
waren schwarze Tröpfe,
die mit „ü"
hatten grüne Schöpfe.

Die mit „a",
sie flogen fort.
Die mit „ü",
sie blieben dort.

Sagte ich,
die mit „ü" sind geflogen,
wäre das
ganz gewaltig gelogen.

(Raben und Rüben)

Rätsel erhöhen den kognitiven „Reiz" von Buchstaben – namentlich für „wache" Kinder im Schulalter

Mitlesende Kinder „entdecken" Buchstaben und Wörter im Vorlese-Text

Zwei Fliegen werden gewissermaßen auf einmal geschlagen, wenn zum Schluß dieses Kapitels auf „Mitlese-Geschichten" verwiesen wird. Viele Kinder entdecken nicht nur den einen oder anderen (ihnen aus der Umgebung bekannten) Buchstaben oder das eine oder andere (ihnen bekannte) Wort, nein: Sie entdecken sogar das Lesen selbst, wenn sie mitlesen. Jemand liest vor und läßt das Kind dabei mit ins Buch schauen. Das hat freilich nur Sinn, wenn Kinder schon ein wenig neugierig auf das Erkennen der Buchstaben sind. Und wenn es sich um einen Text handelt, der – von betrachtenswerten Bildern begleitet – so groß gedruckt ist, daß ein „Mitlesen" des Kindes möglich ist. Der Vorleser zeigt auf den Textzeilen mit dem Zeigefinger bewußt langsam mit. So wird es dem Kind leicht gemacht, dem Text zu folgen.

Zusammenfassung

Buchstaben

- entdecken Kinder bereits früh in Wörtern ihrer gewohnten Umgebung (Markennamen, Werbeaufschriften etc.)
- begegnen Kindern in ihrer Umwelt häufig auch einzeln (Autokennzeichen, Verkehrszeichen)
- prägen sich Kindern in Verbindung mit Bildern und Zeichen, auch mit sich wiederholenden (typischen) Farben und Formen gestalthaft ein
- weisen Kinder schon im Vorschulalter darauf hin, daß sie eine Bedeutung haben können
- produzieren Kinder schon bald – je nach Gelegenheit – (Schreiben des eigenen Namens) und fügen sie „naiv" zu Wörtern
- gehören in den Kontext des „natürlichen" Schriftspracherwerbs, noch bevor sie zum ernsthaften Lerngegenstand der Leselernphase im Anfangsunterricht werden
- werden in den sogenannten Abc-Büchern dargestellt (Anfangsbuchstaben) und darin von Reimen oder Buchstabengeschichten begleitet
- bringen Kinder bald schon mit Lauten in Verbindung
- werden ihnen in der Reihenfolge des „Abc" spielerisch bekannt, vor allem in lustigen, einfach nachzusprechenden Versen/Rätseln
- finden Kinder oft schon lange vor der Einschulung beim Mitlesen in großgedruckten Bilderbüchern

5. Vorlesen – nach allen Regeln der Kunst

Heute wird wieder vorgelesen

Noch immer gilt das Zubettgehen als typische Vorlesesituation in der Familie. Väter sind heute zum Vorlesen einer Gutenachtgeschichte viel eher zu gewinnen als das früher der Fall war.

Vorlesende sollten den Kindern vertraute Personen sein, denn die oft unterschätzte Vorlesesituation ist bisweilen therapie-ähnlich. Das Kind, angeregt durch die vorgelesene Geschichte, wendet sich mit Fragen, ernsten Anliegen, Problemen, echten Sorgen an den Vorlesenden. Ein gemeinsames Gespräch über Alltagsschwierigkeiten wird durch das Vorlesen gefördert. Das Kind macht sich Luft, spricht sich aus.

Was Vorlesen ist – was es sein sollte

Vorlesen sei mehr als das Wiedergeben eines vorgetragenen Textes, vielmehr ist es, wie Eberhard *Ockel* meint, als „intentionales Sprechen" zu verstehen. Der Vorlesende sollte sich als Sprecher begreifen, dem es wichtig ist, bestimmte Absichten des Textautors angemessen an den Hörer weiterzugeben. Ein anderer Pädagoge, Helmut *Geißner,* sieht den Vorlesenden in der Rolle des „Sprechers", der einen Text aus seiner schriftsprachlichen Fixierung löst, indem er ihn Zuhörenden vermittelt – kraft seiner Sprech- und Artikulationsfähigkeit. Geißner betont das „Interpretieren" des Textes. Durch Vorlesen werde dem Hörer – aufgrund von Stimmvariation, begleitender Mimik, Gestik, Körpersprache – der Text gedeutet,

sein Sinn erschlossen. Ein Mensch, der vorliest, könne dabei sogar so weit gehen, daß er den Sinn des ihm vorliegenden Textes fehldeutet und somit „falsch“ an die Hörenden weitergibt.
Vorlesen sollte als eine Möglichkeit verstanden werden, sozialästhetisch zu kommunizieren. Was heißt das? Zwischen dem Vorleser und der versammelten Zuhörerschaft entwickelt sich vorübergehend eine Art soziales Gefüge. Gegenseitiges Vertrauen, „Geneigtheit“, Konzentration lassen einander „näherrücken“.

Vorlese-„Stunden“ in Kindergarten und Schule: eine persönliche Begegnung

Der Rahmen von „Vorlesestunden“ – auch im Kindergarten oder in einer Schulklasse – ist gekennzeichnet durch Entspanntheit und Ordnung. Im Geben und Nehmen (vorlesen – zuhören/verarbeiten) vollzieht sich Gemeinschaft. Stifterin dieser Gemeinschaft ist die aus einem Text „herausgeholte“ und vergegenwärtigte Sprache, sie schafft Verbindung zwischen einem einzelnen und einer Gruppe. Wird die Person des Vorlesenden durch Medien (Kassette, Hörfunk, seltener durch das Fernsehen) ersetzt, gehen wesentliche Kriterien einer sozial-kommunikativen Vorlesesituation verloren.

Was der Vorlesende alles beachten kann und soll

Goldene Regeln für Vorlesende

1. *Stelle dich nie selbst dar!*
   Das Posieren und schauspielerische Auftreten hat mit pädagogischem Vorlesen nichts zu tun. Vorlesende sollen sich soweit wie möglich zurücknehmen. Wer Selbstverfaßtes vorliest, erliegt nicht selten der Gefahr einer Eigendarstellung.

2. *Deklamiere nicht!*
   Deklamieren („laut reden, laut vortragen“) gehört den Salons der Jahrhundertwende an und ist heute nicht einmal mehr bei Erwachsenen angebracht. Bloß keine „rhetorischen Kunstgriffe“ oder pathetische Töne!

3. *Lies nicht Wort für Wort!*
   Es gibt manchmal Kernstellen des Textes, die eine wortgetreue Wiedergabe vor der Zuhörerschaft erfordern. Viele Redestellen, Redewendungen, auch Übergangspassagen sollten aber freier

wiedergegeben werden. Damit wird auch der Langeweile vorgebeugt. Macht sie sich breit, empfiehlt es sich – zumal bei längeren Vorleseprojekten – bestimmte Passagen zusammenfassend frei zu erzählen, um dann mit dem wortwörtlichen Vorlesen fortzufahren.

4. *Lasse Pausen zu!*
   Kindern fällt es schwer, lange still zu sitzen. Deshalb müssen Pausen gemacht werden. Auch für Zwischenfragen und Bemerkungen „zur Sache" soll Zeit sein. Manchmal muß ein Ausdruck geklärt, ein Wort interpretiert, an eine ähnliche Stelle erinnert werden. Vorlesende müssen besonders in diesem Punkt sensibel mit ihrem Publikum umgehen.

5. *Bereite dich gut vor!*
   Kein Vorleser verlasse sich auf die Eingebungen der „guten Stunde"! Der Text muß inhaltlich gut erarbeitet sein. Dem Vorlesenden muß sein Aufbau, die Abschnittgliederung mit ihren markanten Inhaltspunkten deutlich sein, bevor er überhaupt mit dem Vorlesen beginnt.

6. *Sorge für Störungsfreiheit!*
   Erst beginnen, wenn alle ruhig sind. Der Kreis der Zuhörenden muß sich auf den Vorlesenden eingestellt haben. Hüsteln, Räuspern, Schniefen, Scharren sind natürlich nicht ganz auszuschalten. Was vermieden werden kann, sind Stühlerücken und andere Lärmquellen (Geschirrscheppern, Lautsprecherdurchsagen, Türöffnen etc.).

7. *Stelle immer wieder Zusammenhänge her!*
   Bei Kindern (auch bei Erwachsenen!) müssen Vorlesende mit Abschweifungen ihrer Zuhörer rechnen. Nicht mitgehörte Passagen führen dann aber meistens zu Verstehenslücken, diese lösen Geräuschkulissen aus, die wiederum stören. Zwischendurch sollte deshalb immer wieder einmal der Kontext hergestellt werden: Wie war das doch gleich? Das will ich gern noch einmal vorlesen …

8. *Moduliere deine Stimme!*
Monotone Sprechweise ist ermüdend für die Zuhörer. Die Stimme kann moduliert werden, ohne künstlich zu wirken. Nachdruck und Hervorhebungen, Laut-leise-Varianten, Phrasierung, Pausen usw. müssen vom Vorlesenden mit feinem Gespür angewendet werden.

9. *Passe dich der Zuhörersituation an!*
Stets ist die Situation ausschlaggebend, auf die sich die vorlesende Person einzustellen und einzulassen hat. Länge und Intensität, Abbrechen, Überschlagen langer Vorlesepassagen – all dies ist der jeweiligen Situation anzupassen.

10. *Gewöhne dir Grundlegendes an!*
Altbewährt hat sich die Formel „l-l-d“: langsam, laut, deutlich. Was nicht heißt, daß nicht gelegentlich ins pure Gegenteil verfallen werden kann: zügig, leise, vernuschelt. Auch Kinder verstehen das Quentchen Vorlese-Ironie, wenn eine Textstelle einmal absichtlich undeutlich vorgetragen wird. Das geschieht dann z.B., um anzuzeigen: Ich bin mit eurem störenden Verhalten nicht einverstanden.

Nicht nur im „großen Rahmen“ wird Vorlesen gepflegt

Viele denken, wenn sie vom Vorlesen hören, mit Recht zunächst nicht an ein mehrköpfiges Publikum und auch nicht in erster Linie an eine pädagogische, also schulähnliche Veranstaltung. Vorlesen gilt ihnen als intime Form der Zweisamkeit von Menschen, eines älteren und eines jüngeren, die zur Beruhigung, zur Unterhaltung oder auch gelegentlich zur Belehrung miteinander einen Text erleben. Oft gehört Vorlesen zu den allerersten Lese-Erlebnissen von Kindern und bleibt ihnen ein Leben lang in schöner Erinnerung:

„Mutter hat mir seitenlang aus dem dicken Märchenbuch vorgelesen, und ich mußte die Geschichte vom ‚Rotkäppchen' immer noch einmal hören, bis mir die Augen zugefallen sind und ich von ‚Rotkäppchen' und dem ‚bösen Wolf' schlimme Träume hatte..." Nicht allein der Inhalt des Vorgelesenen bleibt gefühlsmäßig lange Zeit präsent, sondern die gesamte, ganzheitlich erlebte Situation (Nähe, Wärme, Sicherheit, Gerüche, Genüsse ...). Zusammen mit den Geschichten-Figuren entsteht eine sowohl von der Realität als auch von der literarischen Wirklichkeit durchdrungene Erlebnisfolie, deren spezifisches Flair aus eben dieser undefinierbar „zauberhaften" Mischung besteht.

Erzählen und Vorlesen ergänzen einander

Der „Wechsel vom Vorlesen zum Erzählen kann für Kinder sehr interessant sein. Das Erzählen bietet die Möglichkeit, das Ablauftempo der Handlung einer Geschichte nach Belieben zu beschleunigen, ihr Handlungsgerüst zu vereinfachen und die Absichten und Handlungsweisen der einzelnen Figuren deutlicher herauszustellen... Dazu läßt einem das Erzählen sogar die Freiheit, einem für sensible Kinder zu traurigen Schluß einer Geschichte noch eine positive Wendung zu geben. Ganz spezielle Vorlieben, Eigenarten und Wünsche der zuhörenden Kinder lassen sich also beim freien Erzählen von Geschichten berücksichtigen" (Peter *Scheiner* im Vorwort zur Broschüre „Bücher zum Vorlesen", S. 4 f.).

Vorlesen – aber WANN?

Zur guten Nacht

Spielbilderbücher (ab 3 Jahren)

- Eric Carle: „Papa, bitte hol für mich den Mond vom Himmel" (Gestenberg, 1987)
  Monikas Papa erklärt und zeigt seiner kleinen Tochter, wie weit weg und wie groß der Mond ist.

- Giulia Orecchia / Friedl Hofbauer: „Wasser, Seife, Nägelschneiden mögen deine Füße leiden" (Herder, 1992)
  In lustigen Versen geht es um das Wohl und Wehe der Kinderfüße.

5.

Vorlesen – ja, aber WANN und WO?

in der Advents- und Weihnachtszeit
zur guten Nacht (*)
im Kindergarten (*)
am Sonntagmorgen
in der (Grund-)Schule
beim Kindergottesdienst
in der Bücherei
bei Kinderfesten
vor einem Ausflug
auf Reisen
in den Ferien
am Krankenbett
im Altenheim

(*) dazu je eine kurz kommentierte Bücherliste

WIE SCHÖN, WENN KINDER
NOCH MEHR GELEGENHEITEN
ZUM VORLESEN FINDEN !

5.

Bilderbücher (ab 4 Jahren)

- Wolfgang Bittner / Ursula Kirchberg: „Der Mond fährt mit der Straßenbahn" (C. Bertelsmann, 1995)
  So kann es gehen, wenn ein Straßenbahnfahrer den Mond mitfahren läßt.
- Quint Buchholz: „Schlaf gut, kleiner Bär" (Sauerländer, 1993)
  Ein Teddybär findet endlich die nötige Ruhe, um zu Bett zu gehen.
- Willi Fährmann / Karel Franta: „Der Geburtstagstraum" (Echter, 1996)
  Im Traum geht Ninas sehnlicher Wunsch nach einem Zirkusbesuch in Erfüllung.

Sammlungen (ab 7 Jahren)

- Hans Gärtner (Hg.): „Schlaf nun schön und träume süß" (Echter, 1994)
  Neue Gutenachtgeschichten, nach Themenkreisen geordnet und mit Kurzinhalt jeder Geschichte.
- Dimiter Inkiow: „Meine Schwester Klara ist die Größte!" (Schneider, 1992)
  20 lustige Streiche mit vielen Illustrationen von F. Goller.
- Linde von Keyserlingk: „Geschichten für die Kinderseele" (Herder, 1995)
  Texte einer Familientherapeutin und Mutter, die alle ein gutes Ende haben.

Erzählungen (ab ca. 9 Jahren)

- Herbert Günther: „Der Geheimbär" (Bitter, 1995)
  Computerfreak Tobias bereitet seinem Spielzeugbären eine Überraschung.
- Peter Härtling: „Jette" (Beltz & Gelberg, 1995)
  Jettes besondere Freundschaft mit einem total verrückten Buchhändler-Freundespaar.

Daniella Carmi: „Samir und Jonathan“ (Hanser, 1996)
Der israelisch-arabische Konflikt im Spiegel einer zarten Jungenfreundschaft.

Im Kindergarten

Vorlesen – aber WO?

Bilderbücher zum Vorzeigen und Vorlesen in der Gruppe

Mem Fox / Patricia Mullins: „Heti und der Fuchs“ (Coppenrath, 1989)
Heti, die Henne, ist dem sie bedrohenden Fuchs am Ende doch gewachsen. Eine Vorlese- und Mitspielgeschichte.

Tina Rau: „Große Fische, kleine Fische“ (Antex, 1989)
Kleine Fische sind sehr wohl zu etwas nütze – das wissen in Blauland bald alle.

Jane Ray: „Noahs Arche“ (Herder, 1991)
Künstlerisch anspruchsvolle Darstellung der biblischen Erzählung aus der Genesis.

Nadja: „Blauer Hund“ (Moritz, 1994)
Charlotte schafft es, den geliebten blauen Hund doch behalten zu dürfen.

Geschichtensammlungen zur Auswahl

Marieluise Bernhard-v. Luttitz: „Uli und Rike“ sowie „Uli und Rike kommen in die Schule“ (Rowohlt TB)
Die beiden frechen Lausemädchen geben das Spiegelbild für manches „Gespann“ im Kindergarten ab.

Hans Gärtner (Hg.): „Das große Vorlesebuch für Kindergartenkinder“ (Edition Bücherbär, 1996)
Geschichten aus der Alltags- und Traumwelt von Vorschulkindern.

Ursel Geisler / Hanne Viehoff: „Lilli Langeweile und andere Impulsgeschichten für Kinder“ (Don Bosco, 1996)
Geschichten zum Nachdenken und Darüber-Reden.

- „Märchen der Brüder Grimm", illustriert v. Nikolaus Heidelbach (Beltz & Gelberg, 1995)
  Prachtausgabe der Volksmärchensammlung mit modernen Illustrationen.
- Erwin Moser: „Das große Fabulierbuch" (Beltz & Gelberg, 1995)
  Phantasievolle kürzere und längere Texte mit zarten Farbzeichnungen.
- Hanne Schüler: „Geschichten ab 3" sowie „Neue Geschichten ab 3", auch die „Weißnäschen"-Fortsetzungsbände (Rowohlt TB)
  Sorgen und Späße des Kinderalltags werden schon ganz jungen Mädchen und Jungen erzählt.

Nachbemerkung:

1. Nicht mehr im Buchhandel greifbare Titel sind meistens noch in Bibliotheken vorhanden. Manche erscheinen auch neu, vielleicht unter anderem Titel.
2. Für die übrigen Vorlese-Situationen (s. S. 77) könnten Arbeitsgemeinschaften ähnliche Empfehlungslisten zusammenstellen.
3. Die hier getroffene Auswahl bezieht sich ausschließlich auf vom Autor selbst in der Praxis erprobte Bücher.

Die Besonderheit der Vorlesesituation muß beachtet werden

Zum Vorlesen in den genannten Situationen eignen sich freilich nicht alle Texte gleichermaßen. So werden in Kindergottesdiensten eine Sammlung mit religiösen Kurzgeschichten, aber auch Legenden (Tagesheilige, Namenspatrone, Kirchenschutzheilige) und biblische Geschichten vorrangig vorgelesen werden. Zur guten Nacht aufregende Abenteuererzählungen zu lesen ist ebenso unsinnig, wie Gedichte vor einem Ausflug zu präsentieren. Da eignen sich dann Heimatsagen, aber auch Texte, die kindliche soziale Verhaltensweisen (im Vorgriff auf das gemeinsame Vorhaben) thematisieren. Die Auswahl der Vorlesetexte muß also in jedem Fall sowohl der Situation als auch der Alters- und Interessens-Stufe der Kinder angemessen sein.

5.

Vorlesen – ja, aber WAS?

Phantasie-Erzählungen
Märchen
„Wahre“ Geschichten
Spielgeschichten
Biblische Geschichten
Legenden
Startgeschichten (*)
Heimatsagen
Gedichte
Fabeln

(*) dazu ein Beispiel (S. 83 f.)

WIE SCHÖN, WENN DIE TEXTE IN BILDERBÜCHERN STEHEN!

5.

Märchen – vorlesen oder erzählen?

Für Märchen gilt grundsätzlich: besser erzählt als (Wort für Wort) vorgelesen. Eine Mischform ist natürlich denkbar. Märchen zu erzählen ist eine Kunst, die nicht jedem, selbst nach Besuch sogenannter Märchenerzählkurse, ohne weiteres zu Gebote steht. Cordula und Reinhold *Pertler,* die in ihrem Buch „Kinder erleben Märchen" eine Reihe kreativer Umgangsformen mit Märchen vorstellen, plädieren ebenfalls überzeugend fürs Märchen*erzählen.*

Märchenbilderbücher kommen bei Kindern noch besser an, wenn von den Bildern ausgegangen und der Text erzählend-erfragend geradezu aus den Bildern „herausgeholt" wird. Natürlich kann die eine oder andere Textpassage (meistens auf der gegenüberliegenden Seite plaziert) vorgelesen werden. Hat man aber ein Einzelkind oder eine überschaubare Kleingruppe (höchstens vier Zuhörende/Mitschauende), sollte die vorlesende/vorzeigende/erzählende Person so sitzen, daß die Kinder im Buch gut mitschauen können.

Auch Gedichte fordern den Vorlesenden, besonders längere Erzählgedichte

Besonderes Augenmerk beim Vorlesen sollte Gedichten geschenkt werden. Die längeren gereimten Texte (Erzählgedichte) schrecken Kinder oft vom Selbstlesen ab. Ein guter „Eindruck" von einem Erzählgedicht kann dazu anregen, sich eine positive Haltung gegenüber längeren Gedichten anzueignen.

Um Sprechmelodie, Sprachklang und Rhythmus modellhaft vorzugeben, sollte mit Kindern immer wieder einmal ein längeres, durchaus auch verfremdetes Erzählgedicht – vor allem in der Grundschule – betrachtet werden. Beim Vortrag sollte man auf den verschmitzten Tonfall, die Koketterie mit dem alten Vorbild, die Lautmalereien u. ä. besonders eingehen. Sehr wirkungsvoll und empfehlenswert ist die Begleitung mit Geräuschgegenständen, Orffschem Instrumentarium oder einfachen Rhythmusinstrumenten.

Die drei Planungsgesichtspunkte für jede Vorlesesituation

Ganz gleich, um welchen Vorlesetext es sich handelt – es geht stets um drei Planungsgesichtspunkte:

– Auswahl des Vorlesetextes
– Bestimmung der Vorlesesituation und Vorlesezeit
– Überlegungen zur „Verarbeitung" des Vorgelesenen

Die Texte sind je nach Alter, Interessen und Fähigkeiten der Kinder zu wählen.

Ein Projekt: Startgeschichten vorlesen und sie „fortschreiben", um sie erneut vorzulesen

Geschichten – Märchen – Gedichte: das sind die drei Textsorten, die wohl am meisten den Vorlesenden angehen. Auf eine besondere Art von Geschichten soll hier ein wenig ausführlicher eingegangen werden – auf Startgeschichten. Der Pädagoge Hans *Ecker* greift eine Äußerung seiner österreichischen Landsfrau Renate *Welsh* auf: „Geschichtenschreiben kann Spaß machen!" und setzt hinzu: „Besonders dann, wenn die Geschichte schon begonnen hat". Er ließ in einem Großversuch 1980 von bekannten österreichischen Autor/inn/en sogenannte Startgeschichten verfassen und schrieb einen Wettbewerb für Schülerinnen und Schüler aus, in dem es darum ging, einen freigewählten Starttext fortzuschreiben. Die damit angeregte Fabulierlust wurde freilich ein wenig gebremst durch die Schwierigkeiten vieler Kinder, die Texte fehlerfrei und in guter Gliederung, Gedankenführung und Form zu Papier zu bringen. Daher scheint dieser Ansatz noch besser fürs Weiter-*Erzählen* geeignet. Was dabei vorgelesen werden kann, ist die Startgeschichte. Die Fortsetzung kann dann wahlweise schriftlich oder mündlich erfolgen. Wird schriftlich, wie Hans Ecker das anregte, verfahren, liegt ein „Vorlese“-Vorteil darin, daß die fortgeschriebenen Texte einzelnen Kindern (und zwar nun nicht von Erwachsenen, sondern von den jungen „Autor/innen/en“ selbst) wieder vorgetragen werden können. Bei dieser Art Textproduktion ist sehr viel schöpferische Sprachgestaltung erforderlich. Daß sich an Hans Eckers Projekt 18500 Schulkinder beteiligten, läßt aufhorchen. Wie unterschiedlich der Starttext „weitergedacht“ werden kann, zeigen die in Hans Eckers „Schreib-weiter-Buch“ abgedruckten Beispiele (s. Literaturverzeichnis).

Zusammenfassung

Vorlesen – nach allen Regeln der Kunst –

- wird heute – allerdings unter anderen Voraussetzungen – wieder mehr gepflegt
- sollte gut überlegt und mit „Fingerspitzengefühl" für die Vorlesesituation angewandt werden
- ermöglicht in Schule und Kindergarten ein besonderes Gemeinschaftserlebnis
- muß – wie jede andere literaturpädagogische Unternehmung – gelernt werden
- kostet (als Großveranstaltung) angemessene Vorbereitungsarbeit, persönlichen Einsatz und Organisationsmaßnahmen für den äußeren Rahmen
- kann gerade in der Familie zu einem lebenslang beeindruckenden, unvergeßlichen literarischen Erlebnis werden
- ist zu ganz verschiedenen Zeiten und an fast allen Orten möglich
- bietet durch viele Kinderliteratur-Neuerscheinungen reiche Abwechslung
- kann sich (zum Beispiel bei Märchen) mit dem Erzählen abwechseln

6. Kinderwelt im Bilderbuch

Wer einmal dem Zauber des Bilderbuchs – und nur vom erzählenden Bilderbuch soll in diesem Kapitel die Rede sein – erlegen ist, kann sich ihm nur schwer entziehen. Sobald dem Liebhaber Gelegenheit geboten wird, in immer wieder neuen Bilderbüchern zu blättern, wecken sie seine Neugier: Was für Geschichten sind entstanden? Welche Bildtechniken wurden verwendet? Unter den Erwachsenen gibt es viele, die, unabhängig von pädagogischen oder didaktischen Intentionen, Bilderbücher für sich selber kaufen. Es bilden sich Lieblingsillustrator/innen, bevorzugte Stilrichtungen oder Genres heraus – und der Sammler ist geboren! Inzwischen gibt es nicht nur bedeutende öffentliche (etwa das Bilderbuch-Museum Troisdorf/Burg Wissem), sondern auch unbekannte private Bilderbuchsammlungen. In Spezialantiquariaten (zum Beispiel Hans Lindner, Mainburg, oder Andrea v. der Osten, Egling/Paar) tauchen Kostbarkeiten aus längst vergangenen Bilderbuch-Zeiten auf, und Museen und Bibliotheken (wie die Internationale Jugendbibliothek München), aber auch Privatpersonen greifen die Angebote auf.

Das Bilderbuch: begehrtes Sammlerobjekt und …

Pädagogen betrachten das Bilderbuch völlig anders als die meist ausschließlich dem ästhetischen Reiz verfallenen Sammler. Sie schreiben dem Bilderbuch erzieherische Wirkung zu, halten es für eine hübsche Zugabe im allzu pragmatisch-nüchternen „Geschäft" der Bildung, erkennen die Integration von (literarischem) Text und (künstlerischem) Bild als eine Möglichkeit musisch-ganzheitlicher Formung des noch sehr jungen Menschen (dem sie ein „Bilderbuchalter" zugestehen) und schätzen insbesondere das veranschaulichende Prinzip der (sachorientierten) Bild-Bücher. Sie stellen bedauernd fest, daß Bilderbücher kostspielig sind (1996 gibt es kaum ein Bilderbuch mehr unter fünfundzwanzig Mark), daß viel zu viele alljährlich neu erscheinen oder in neuem Gewand aufgelegt werden (Bilderbuch-Ausstellungen und -Angebote jährlich im April auf der „Kinderbuchmesse Bologna") und soeben angeschaffte Exemplare im „Bilderbuchtrog" der öffentlichen Bücherei oder der „Leseecken"-Bestände sehr bald zerlesen sind. Allmählich hat es sich herumgesprochen, daß Bilderbücher keineswegs nur den Kindern bis zum Schuleintritt, sondern weit in die Grundschulzeit hinein wertvolle Begleiter sein können. Der gesamtästhetische und intellektuelle Anspruch des modernen Bilderbuches ist von steigender Tendenz. Das geht so weit, daß manche Bilderbücher gar „nichts mehr für Kinder" sind.

… mit den Augen des Pädagogen betrachtet

Für den „Bilderbuchpädagogen" ergeben sich folgende Aufgaben:

- Sammeln und Sichten,
- Beurteilen und Besprechen,
- Verarbeiten und Vermitteln.

Drei Aufgabenbereiche, die sich dem „Bilderbuchpädagogen" stellen

Mit dem klugen *Sammeln* beginnt der Aufbau einer jeden modernen Bilderbuchbibliothek, ganz gleich, ob institutionell (und damit von öffentlicher Hand gefördert: Kindergarten, Hort, Grundschule, Museum …) oder privat. Quellen des Sammlers sind der Buchhandel, aber auch Kataloge und Verzeichnisse, Fachpublikationen und Fachmessen (Frankfurter Buchmesse). Kontakte zu Bilderbuchverlagen und -illustratoren können das Sammeln bestimmen.

Beim *Sichten* des Gesammelten helfen ebenfalls Kataloge und Verzeichnisse. Bilderbücher nach „Lesealter" zu ordnen bringt ebenso wenig, wie sie nach Format einzustellen. (Im Bilderbuch-Metier geht es vom Liliputbuch bis zur Jumbogröße, querformatige Bände wechseln mit sperrig hochformatigen, die meisten Pappbilderbücher sind quadratisch mit abgerundeten Ecken; Probleme bereiten extrem hohe und große Ausgaben ebenso wie Minibüchlein von halbem Postkartenformat.)

Tips für Sammler

Bewährt hat es sich, ob bei Schul- und Kindergarten- oder Privat-Sammlungen, die Bilderbücher zunächst nach Verlagen und innerhalb der Verlage wiederum nach Autoren- bzw. Illustratorennamen zu ordnen. Für den „didaktischen Zugriff" bieten sich typologische Raster an, die allerdings strenger Systematik nicht standhalten, siehe die Schemata im Kasten auf Seite 89, wobei sich das erste an Richard *Bamberger* („Jugendlektüre", 1965), das zweite an Karl Ernst *Maier* („Jugendliteratur", 1980), das dritte an Arnold *Grömminger* („Bilderbücher in Kindergarten und Grundschule", 1977) orientiert.

Beurteilungen und Rezensionen sind meist subjektiv

Schwierig wird es im Aufgabenbereich *Beurteilen und Besprechen.* Die Pädagogen können sich meist auf professionelle Rezensions-Instanzen stützen. Die Frage ist allerdings, ob diese nicht nur bibliothekarisch, sondern auch pädagogisch-didaktisch beurteilen. Die Rezensent/innen im Bereich Bilderbuch gehören nicht eindeutig einem bestimmten beruflichen Metier an. Sie bringen oft auch Erfahrungen aus der eigenen Familie oder mit anderen Kindern in ihre Urteile ein. Keine Buchbeurteilung ist frei von subjektiven Wertungen. Das ist besonders beim Bilderbuch der Fall, über dessen Illustrationen (Stil, Farbigkeit, Komposition, Anteil gegenüber dem Text usw.) in erster Linie geschmacksabhängig geurteilt wird.

Kindliches Bildwahrnehmen – ein noch relativ unerforschtes Gebiet

Zur relevanten Frage nach der Bildwahrnehmung von Kindern (Welche Bilder? Welche Bilder in welchem Lebens-/Entwicklungsalter? Unter welchen wahrnehmungspsychologischen Bedingungen? …) wird leider zu wenig geforscht. Relativ sicher ist, daß

Einteilungs-Schemata von Bilderbüchern

1.

1 Erstes Bilderbuch in Einzelbildern bzw. Gruppenbildern
2 Bilderbücher mit Szenenbildern
3 Bilderbücher mit Handlungsdarstellung
  3.1 Märchen-Bilderbücher
  3.2 Versgeschichten mit Bildbegleitung
  3.3 dichterisch gestaltetes Umwelt- und Fernwelt-Bilderbuch
4 Die Bilderzählung
5 Das Sachbilderbuch (einschl. Kinderlexikon)
6 Das Foto-Bilderbuch

2.

1 Das Elementarbilderbuch
2 Das Szenenbilderbuch
3 Bilderbuch-Geschichten
  3.1 Märchen-Bilderbuch mit altem Erzählgut
  3.2 Märchen-Bilderbuch mit neueren Stoffen und Kunstmärchen
  3.3 Bilderbücher nach Fabeln, Legenden und Sagen
  3.4 Wirklichkeitsnahe Bilderbücher-Geschichten in Vers und Prosa
  3.5 Bilderbücher-Geschichten mit überwiegend phantastischen Zügen
4 Das Sachbilderbuch
5 Foto-Bilderbücher
6 Bilderbücher im Comic-Stil

3.

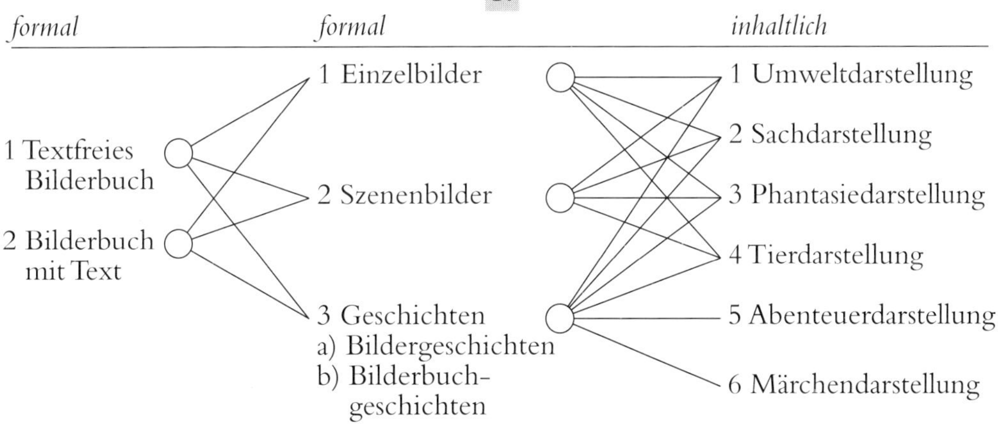

bei Bildbevorzugungen die eigene visuelle Erfahrung („Betroffenheit“), die Gewohnheit, Bilder in der eigenen Umgebung zu rezipieren sehr wohl, das Geschlecht jedoch keine Rolle spielen. Für Kinder sind die Auslöser-Momente der Bilder wesentlich: Sie sprechen auf bestimmte Elemente des Bildes wie Gegenstand, Farben, Gefühlslagen, Stimmungen an. Verdeckte Bedeutungen (Symbolik) dagegen erkennen sie weniger gut; sie bevorzugen klare Formen. Leicht karikaturistische Züge in Bildern lieben Kinder, sie mögen den „Micky-Maus“-Zeichenstil und ganz naturalistische Darstellungen. Unbeliebt sind bei ihnen allerdings verzerrt-karikaturistische, süßlich-runde und expressive Bilddarstellungen, wie Dietrich *Grünewald* herausfand (in: Peter *Conrady,* „Literatur-Erwerb“).

Wann gefällt Kindern ein Bilderbuch gut? Was schätzen Bilderbuchrezensenten?

Welchem Bilderbuch letztlich der Vorzug gegeben wird, hängt aber von einer ganzen Reihe von Faktoren ab: Die farbliche „Anmutung“, die Titelfiguren, der Buchtitel in Gestaltung und Aussage (Erwartungseffekt), der gesamte „erste“ äußere Eindruck, den ein Bilderbuch auf den Rezipienten (Rezensenten) macht, drängt Fragen wie die nach der Qualität des Textes, der Bild-Text-Übereinstimmung, der Übersetzung zunächst einmal in den Hintergrund. Eine Erzieherin wird „ihre“ Bilderbücher immer auch unter dem Aspekt der „Brauchbarkeit“, also nach dem anstehenden Thema, aussuchen: Kann ich dieses Bilderbuch für diese und jene thematischen Vorhaben brauchen? Empfehlungen erfahrener Kolleginnen wird sie schließlich ebensowenig in den Wind schlagen wie sie evtl. persönliche Kontakte zu Illustrator/innen mit in ihre Entscheidung aufnehmen wird. Eine lesepädagogische Arbeitstagung (1993) unter Leitung von Jens *Thiele* entschied sich für drei Fragenkomplexe zur Erschließung von Bilderbüchern:

Fragen zur Bilderbuch-Analyse

Wie kann das komplexe Bild-Text-Gefüge eines Bilderbuchs analysiert werden?

(A) Stil und Thema (Problem, Motiv)

(a) Um welches Thema (Problem, Motiv) handelt es sich? Wie bringt der Text das Thema (Problem, Motiv) zur Sprache (z.B.: sehr deutlich; aspekthaft; unzulänglich)? Welche literarische Textform wurde gewählt?

(b) Wie verarbeitet der Illustrator das Thema? Welchen Stil wählte er? Wo setzt er bildliche Akzente? In welche Richtung interpretiert er bildnerisch das Thema? Wie korrespondieren Bild und Text?

(c) In welcher Tradition steht der Bildanteil? Gibt es Vorläufer, auf die die Bilder verweisen? (Übernahme? Imitation? Bildzitation?) Welche Assoziation lassen die Bilder zu?

(d) Eingehende Bild-Analyse

(1) Gattung (z.B. Zeichnung, Malerei, Fotografie)
(2) Stil (z.B. abstrakt, naturalistisch, verfremdend)
(3) Perspektive (Bildverläufe, Blickwinkel, Nahaufnahme …)
(4) Metaphorik (Symbole, Farbwahl, Motive, Räumlichkeit …)
(5) Farben (Art, Ausdruck, Auftrag, Dominanz, Anordnung …)
(6) Komposition (statisch, dynamisch …)
(7) Bildraum (flächig, verzerrt, perspektivisch …)

(B) Bild und Text

(a) Wie entwickelt sich die Geschichte? Welchen Verlauf nimmt sie? Wo liegen Höhepunkte? Welche „Dramaturgie" ist generell erkennbar?

(b) Wie stark sind Bild und Text aufeinander bezogen? Gehen beide den gleichen Weg? Gibt es Abweichungen, Leerstellen? Stellt sich der Text polarisierend gegen das Bild? Wie verhalten sich die einzelnen Bilder zueinander (Kontinuität …)?

(c) Wie sind Bild und Text gegliedert? Gibt es Schnitte oder verläuft die Bild/Text-Erzählung chronologisch? Sind bildnerische/textuelle Raffinements eingebaut? (Darstellung von eingeschobenen Stellen, z.B. Träume, Rückblenden …)

(C) Kind und Bilderbuch

(a) Das Kind und sein Lebensraum – wie wird beides dargestellt? Auf welchem „Kindheits-Bild"-Hintergrund? Wie agieren Kinder untereinander und mit Erwachsenen?

(b) Entspricht der Stil dem gezeigten Kindheitsbild? Deutet und prägt er es? Wodurch besonders? (Schonraum-Kindheit? Freiheitlicher Erlebnisraum? Problemraum? Krisenraum? …)

(c) Die kindliche Erfahrungswelt und ihr Bezug zum Thema – wo sind Anknüpfungsmöglichkeiten? Welche Konfliktlösungen werden gezeigt/angedeutet/im Bild dargestellt? Was muß den Kindern für die alltagswirkliche Rezeption des Bilderbuches erklärt, erläutert werden?

Bilderbücher sollten im Kollegen- und Expertenkreis besprochen werden

Die in diesem Raster angedeuteten Fragen können Grundlage für eine Besprechung eines Bilderbuches bieten. Wenn auch zuerst an eine Besprechung im Kolleg/innenkreis, im Studien- oder Fortbildungsseminar gedacht ist, kann man sich diese Fragen natürlich auch selbst vorlegen, um ein Bilderbuch nicht nur „anzuschnuppern", sondern gründlich-systematisch zu „erobern". Wer in den bekannten Rezensions-Periodika (s. u.) Bilderbuchrezensionen liest, wird die hier aufgeführten Beurteilungsaspekte immer – wenn auch nicht explizit – angesprochen finden.

Periodika mit Bilderbuch-Beurteilungen (Auswahl)

Das Bilderbuch
Eine Auswahl von Bilderbüchern aus aller Welt
Hg.: Barbara Scharioth mit Heide Peetz
München: Arbeitskreis für Jugendliteratur (1992)

Religiöse Bilderbücher
Ein Ratgeber für Familien, Kindergärten, Grundschulen und Büchereien
Red.: Monika Born u. a.
Bistum Essen, Seelsorgeamt (1993, 2. Aufl.)

Lesefreunde mal 300
Die 300 besonderen Kinder- und Jugendbücher 1995
Wien: Bundesministerium für Wissenschaft, Forschung und Kunst, Kommission für Kinder- und Jugendliteratur (1996)

BA. Besprechungen, Annotationen
Basisdienst und Mitteilungsblatt der Lektoratskooperation für öffentliche Bibliotheken von DBV, ekz und VBB
Reutlingen: ekz (1996: 21. Jg.)

Die Publikationen sind in der Regel an öffentlichen Bibliotheken vorhanden

Das Neue Buch / Buchprofile
für die katholische Büchereiarbeit
Bonn/München: Borromäusverein/St. Michaelsbund (1996: 41. Jg.)

Der Evangelische Buchberater
Zeitschrift für Buch- und Büchereiarbeit
Red.: Christiane Harlis, Nikola Fersing
Göttingen: Deutscher Verband Evangelischer Büchereien (1996: 50. Jg.)

Bedingungen und Vorüberlegungen bei der Vermittlung von Bilderbüchern

Bevor der Pädagoge (ob in Familie, Kindergarten oder Schule) ein Bilderbuch vermittelt, muß er es selbst erarbeitet haben und sollte seine Funktion im Vermittlungsprozeß kennen. Mit dem bloßen Anschauen und Durchblättern ist es – jedenfalls bei einem qualitätsvollen Bilderbuch, das ja immer so etwas wie ein kleines „Gesamtkunstwerk" ist – nicht getan. Die folgenden beiden Übersichten wollen helfen, sich über die pädagogisch-didaktische Funktion eines Bilderbuches und anschließend über die Vermittlungsformen klar zu werden.

6.

Wozu nützen Bilderbücher?

(1) Im bildnerischen Bereich
- Vorbild für das Schöne
- Vielfalt künstlerischer Techniken
- Konzentration auf die Bild-Text-Kontingenz
- *Anregung* zu kreativem Gestalten

(2) Im persönlichkeitsstrukturellen Bereich
- Aufarbeitung von Problemen (z.B. Identität)
- Rezeption von Verhaltensmodellen, Normen
- Förderung von Empathie, Identifikation, Distanzierung
- *Anregung* zu kritischer Auseinandersetzung

(3) Im lernpsychologischen Bereich
- Motivation für Denk- und Suchprozesse
- Strukturierung von Inhalten
- Identifizierung mit den Buchfiguren
- *Anregung* zu phantasiegeleiteter Kognition

(4) Im sprachlichen Bereich
- Begriffsschulung und -klärung
- Sensibilisierung für das Literarisch-Poetische
- Sprachästhetische Wirksamkeit von Texten
- *Anregung* zu Sprech- und Gesprächsaktivität

(5) Im sachlichen Bereich
- Elementarisierung von Wissensstoff
- Veranschaulichung durch bildliche Darstellung
- erzählerisches Erfassen der Lebenswirklichkeit
- *Anregung* zu aktiver Anwendung

Maxime der Vermittlung: Anregung statt Vereinnahmung durch das Bilderbuch

Auf die zu jedem der fünf Funktionsbereiche von Bilderbüchern gegebenen Hinweise für *Anregungen* sei nachdrücklich aufmerksam gemacht.

Wie können Bilderbücher vermittelt werden?

(A) Erschließende Formen der Vermittlung

(1) Präsentieren
(mit dem Ziel, die Kinder mit dem Bilderbuch unmittelbar bekannt zu machen)

(a) des Buches durch
- stummes Vorblättern
- stichwort/impuls-begleitendes Vorblättern
- erzähl-begleitendes Vorblättern
- vorlese-begleitendes Vorblättern

(b) der Bilder durch
- stummes Zeigen von Dias
- stichwort/impuls-begleitendes Zeigen von Dias
- erzähl-begleitendes Zeigen von Dias
- vorlese-begleitendes Zeigen von Dias

(c) von Buch und Dias im Wechsel

(2) Zentrieren
(mit dem Ziel, die Kinder kognitiv-antizipierend zu motivieren und sie ahnen, vermuten zu lassen)

(a) durch Zeigen
- des Coverbildes allein
- des Buchtitels allein
- des gesamten Buchcovers
- einer zentralen Bild-Szene bzw. -folge
- eines Buchabschnittes

(b) durch Vorlesen / Erzählen
- einer zentralen Textstelle
- des Textanfangs
- des Buchschlusses

(3) Erarbeiten
(mit dem Ziel, das Bilderbuch selbständig „entdecken", Text und Bilder sich „aneignen" zu lassen)

(a) in Einzelarbeit
- das Kind liest und betrachtet das Bilderbuch völlig allein
- das Kind erhält gelegentlich Hilfe durch den Erwachsenen (Fragen zum Verständnis werden beantwortet, Ratschläge zum selbständigen Arbeiten werden gegeben)

(b) in Partnerarbeit
- zwei Kinder lesen und betrachten das Bilderbuch
- dabei kann ein Kind „führen“
- Hilfe und Rat des Erwachsenen (wie oben)

(c) in Gruppenarbeit
- eine Kleingruppe (maximal 4 Kinder) liest und betrachtet das Bilderbuch
- dabei kann ein Kind „führen“, eines notieren, eines später berichten …
- Hilfe und Rat des Erwachsenen (wie oben)

(B) Verarbeitende Formen der Vermittlung

(1) Imitativ
(sich relativ eng an das Bilderbuch haltend)

(a) der Text (Struktur, Inhalt, Aussage) wird akzentuiert
- Nacherzählen
- Nachlesen
- Nachfragen
- Nachspielen
- Nachbesprechen

(b) die Bilder (Stil, Farben, Formen) werden akzentuiert
- Buchinhalt anhand von Einzelbildern wiedergeben
- Bilddetails analysieren
- Bildfolgen erinnernd wiederholen
- Bildwirkungen verbalisieren

(2) Innovativ
(über das Bilderbuch hinausgehend)

(a) Spielen
- Szenisches Spiel
- Stegreif-Spiel
- Schattenspiel
- Pantomime
- (Hand-)Puppenspiel
- Klangspiel

(b) Malen / Zeichnen
- Einzelfiguren
- Schauplätze
- Details
- Fries

(c) Gestalten
- Drucken (von Texten)
- Bebildern (von Textstellen)
- Komponieren (Klanggeschichte; Spiellied)
- Bildgestaltung (Gemeinschaftsarbeiten)
- Eigenes Bilderbuch herstellen

Kreatives Umsetzen der Buchinhalte ist wichtig

Auch wenn hier eine Fülle methodischer Erschließungs- und Verarbeitungsmöglichkeiten von Bilderbüchern aufgezeigt wurde, soll dies keinen Zwang bedeuten. Oft ist ein „einfaches" Präsentieren eines Bilderbuches völlig ausreichend, um Kindern genügend Anregung zum Sprechen, Malen, Nachspielen, Reflektieren und übertragen des Inhalts auf die eigene Lebenssituation zu geben. Werden Dias eingesetzt, sollten sie die Bilderbuch-Bilder farbecht und zur Gänze wiedergeben, also nicht „beschnitten". Die vom „media nova" Verlag, Landshut, produzierten Didaktik-Mappen der empfehlenswerten Reihe „Kinder lernen Bücher lieben" bieten neben dem Bilderbuch und ca. 20 Farbdias didaktisch-methodische Hinweise, die dem Praktiker in Kindergarten und Grundschule bei der Bilderbuch-Vermittlung helfen.

6.

Bei der Auswahl der folgenden vier Beispiele guter Bilderbücher aus neuester Zeit (1994 und 1995) wurde folgendes beachtet:

Gesichtspunkte für die Auswahl der folgenden vier Bilderbuch-Beispiele

1. Sie repräsentieren vier verschiedene „Bilderbuchalter“: das Vorschulalter (4./5. Lebensjahr) und die Familie als Vermittlungsort („Bim, Bam, Bum“), das Vorschulalter (5./6. Lebensjahr) und den Kindergarten als Vermittlungsort („Benni und die sieben Löwen“), das erste Grundschulalter (1./2. Jahrgangsstufe) zum Selberlesen („Ede und der Weihnachtsriese“) und das obere Grundschulalter (3./4. Jahrgangsstufe) für Gruppenarbeit („Frau Meier, die Amsel“).

2. Sie zeigen, wie sich die kindliche Fähigkeit, Bilderbücher zu rezipieren, differenziert: Zuerst stehen Tiere (Bären) anstelle von Menschen, dann werden die „echten“ Spielkameraden selbst thematisiert und Konflikte mit ihnen aufgezeigt. Im frühen Grundschulalter kann die Kind-Eltern-Beziehung im Mittelpunkt stehen, später auch schon ein Problem aus der kinderlosen Erwachsenenwelt aufgegriffen werden.

3. Sie sollen zwei gängige Vermittlungswege für den Kindergarten (Kleingruppen-Präsentation des Buches; Großgruppen-Präsentation der Bilder durch Dias) und auch der Grundschule (selberlesen; in der Kleingruppe einander vorlesen/selberlesen) aufzeigen.

Hier wird das folgende Analyse-Schema angewandt, das es erlaubt, übersichtlich und umfassend ein Bilderbuch vorzustellen:

Analyse-Schema für Bilderbücher

(1) Bibliographie
1 Text-Autor/in
2 Illustrator/in
3 Titel/Untertitel
4 Verlag
5 Erscheinungsort/-jahr

(2) Erscheinungsform
1 Format
2 Umfang
3 Bildstil/-technik
4 Drucktype
5 Layout

(3) Inhalt und Aussage
1 Kurzbeschreibung
2 Hauptfiguren
3 Schauplätze
4 Handlungsverlauf
5 Botschaft

(4) Vermittlungssituation
1 Leseanlaß
2 Lesealter
3 Vermittlungsort
4 Vermittlungsform
5 Auswertungsmöglichkeiten

(5) Bedeutung
1 literarische Qualität
2 bildnerische Qualität
3 didaktische Relevanz
4 pädagogische Relevanz
5 Propädeutik

Beispiel 1

(1) Bibliographie

Bolliger, Max / Baránková, Vlasta: Bim, Bam, Bum und das Bärenbrot, Zürich-Kiel-Wien (bohem press) 1994.

(2) Erscheinungsform

Format: 21 x 24 cm, gebunden;
28 Seiten (ohne Seitenzahlen);
Bildstil und -technik: weich/pastellig; Mischtechnik (Deckfarben/Wachskreiden);
Druck: schlanke, schmale gemischte Antiqua, groß gedruckt;
Layout: doppelte und einfache Ganzseiten im unregelmäßigen Wechsel, Text zweispaltig, ins Bild (meistens auf hellem Untergrund) gesetzt.

6.

(3) Inhalt und Aussage

1 *Kurzbeschreibung*
Drei kleine Stadtmusikanten sind mit dem Brot, das ihnen ihr Freund, der Bäcker, täglich bäckt, nicht mehr zufrieden und müssen erkennen, daß sie es selbst nicht so gut backen können.

2 *Hauptfiguren*
Drei Bärchen: Bim, Bam und Bum; ihr Freund, der Bäcker.

3 *Schauplätze*
Kleine Stadt; Bäckerei; Bärenhaus.

4 *Handlungsverlauf*
Die sowohl an ihren Instrumenten als auch an ihren unterschiedlichen weißen Pelzflecken leicht zu erkennenden Bären sind Musiker. Ihr Freund ist der Bäcker. Täglich bäckt er den Bären ein kleines, aber leckeres Brot. Dafür spielen ihm die Bären jedesmal einen Walzer, und der Bäcker ist gut gelaunt wie die Bären, denen das Brot gut schmeckt. Doch sie denken, es genauso gut zu können wie der Bäcker und hoffen, sich das Aufspielen zu sparen. Sie backen gemeinsam ein riesengroßes Brot – doch es schmeckt nicht. Sie spielen von da an langweilig, und auch dem Bäcker macht seine Arbeit keinen Spaß mehr. Bis die drei Künstler erkannt haben, daß Brotbacken eben auch eine Kunst ist, vergeht nur kurze Zeit. Und der Bäcker ist froh, daß die Bären ihm wieder täglich seine Lieblingsmelodie spielen.

5 *Botschaft*
Nicht jeder kann alles gleich gut. Vielmehr ist jeder in seinem Metier ein „Künstler".

(4) Vermittlungssituation

1 *Leseanlaß*
Künstler in der Umgebung; Freundesstreit: Wer kann was besser?

2 *Lesealter*
Von 4 Jahren an. Gemeinsames Vorlesen und Betrachten.

3 *Vermittlungsort*
Familie. Vor dem Zubettgehen.

4 *Vermittlungsform*
Buch-Präsentation, am besten mit nur einem Kind. Die Geschichte muß nicht Wort für Wort vorgelesen werden. Insbesondere der Anfang („Wer erinnert sich …?") könnte Anlaß geben, den Vorgänger („Bim, Bam, Bum") heranzuziehen. – Es eignet sich aber auch die Zentrierung (von dem Bild „Ein köstliches Brot" ausgehen). Vermuten lassen, was hier los ist. Die Geschichte also „von innen her" nach rückwärts und vorwärts phantasievoll miteinander entfalten.

5 *Auswertungsmöglichkeiten*
Die drei Bären als unverwechselbare Freunde kennzeichnen lassen (jedem sein Pelzfleck, sein Instrument, sein Temperament zuschreiben). Das Gemeinsame des Gespanns herausstellen: ihr Künstlerdasein. Der Gegensatz: der fleißige Handwerker, der Bäcker. Doch Künstler (Musiker) dürfen nicht überheblich sein, sie können zwar ihr Instrument brillant spielen, aber dafür nicht so gut backen. Schließen auf die eigene Lebenssituation: Auch du kannst etwas sehr gut, dafür anderes vielleicht weniger gut. – Kinder zeigen, was sie auf ihrem Instrument können. – Mutter bäckt selber ein Brot. Was sie alles dazu braucht, damit es schmeckt. Die Mutter ist eine Künstlerin …! – Jeder ist unverwechselbar. Welche Kennzeichen hast du? Und dein(e) Freund(in), deine Geschwister?

(5) Bedeutung

1 *Literarische Qualität*
Max Bolliger (geb. 1929, Schweizer Autor mit vielen Auszeichnungen für sein kinderliterarisches und pädagogisches Werk) erzählt in lebendiger Schlichtheit. Seine Satz- und Bildprägnanz im sprachlichen Ausdruck läßt Kinder „aufs Wort" hören. Die Sätze sind kurz, das verwendete Vokabular kindgemäß. Die Sprache läßt Emotionen wach werden und führt zur Aktivierung der Sinne (Brot: Geruch; Walzer: Musikhören). Der Text ist struktu-

rell logisch und zielstrebig in der Dynamik. Seine liebenswerte Innerlichkeit wirkt beruhigend.

2 *Bildnerische Qualität*
Vlasta Baránková (geb. 1943, tschechische Illustratorin mit großer Erfahrung und Ausstellungsfolgen) gelingt mit ihren warmen Farben und kuschelig-anheimelnden, rundlichen Formen eine schonraumartige, ungetrübt-entrückte Kinderwelt, in der die drei Hauptfiguren ein problemloses Leben führen. Von den Bildern strahlt eine Friedlichkeit aus, die kleine Kinder besänftigt. Die Illustratorin greift die Textvorgaben in einer kindlich empfundenen Art auf: sie reiht auf, läßt Dinge klar erscheinen und zuordnen, stellt die Merkmale der Bären deutlich heraus, gibt dem Bäcker gemütliche Züge. Farben können als Bedeutungsträger empfunden werden (das leicht lodernde Rot, das die aufgeregt probierenden Bären am Eßtisch einhüllt).

3 *Didaktische Relevanz*
Das Buch läßt Kinder auf sich selbst und ihre eigene „Originalität" und Individualität blicken: Wer bin ich? Habe ich auch so etwas wie einen „Fleck" auf dem „Pelz"? Was kann ich (schon)? Was kann ein anderer besser als ich? – Abgesehen davon werden Grundbegriffe thematisiert: Freundschaft, Zusammenhalten, Musizieren, Brotbacken.

4 *Pädagogische Relevanz*
Die Vorbildwirkung der drei kleinen Bären ist unverkennbar. Ihre Freundschaft untereinander läßt sie eine (Arbeits-)Gemeinschaft sein. Ihre Freundschaft zu dem Bäcker ist ein wenig geheim. Ohne daß es ausgedrückt wird, empfindet der Leser diese zurückhaltend-verschämte Zuneigung. Daß die kleinen Bären auch „menschliche" Regungen haben (sie sind unzufrieden mit dem, was sie haben), macht sie geradezu lebenswirklich. – Die Vermenschlichung in diesem „runden" Bilderbuch mit seiner vielschichtigen Aussage und Deutbarkeit entspricht der noch magisch-phantastischen Denkweise und Gefühlsposition des vier-/fünfjährigen Kindes.

5 *Propädeutik*
Geschichte und Bilder ergeben eine harmonische Einheit. Hier finde ich – auch wenn von kleinen Bären darin die Rede ist – mich selbst und meine Gedanken ebenso wieder wie meine Umgebung darin gespiegelt ist. Von den vielen beliebten Bärenbüchern auf dem Markt unterscheidet sich dieses durch seine Textqualität, die in der Illustration eine hervorragende Entsprechung findet. (Übrigens ist dieses Buch der zweite Band einer Reihe, die fortgesetzt wird.)

Beispiel 2

(1) Bibliographie

Janisch, Heinz / Kernke, Gabriele: Benni und die sieben Löwen, Wien-München (Annette Betz) 1995.

(2) Erscheinungsform

Format: 22 x 28 cm, gebunden;
28 Seiten (ohne Seitenzahl);
Bildstil und -technik: Wachskreide/Filzstift, dynamisch, offen;
Druck: übliche gemischte Antiqua, Großdruck, auf weiße Fläche gesetzt;
Layout: bilddominant, durchillustriert, meist doppelseitig textkorrespondierend.

(3) Inhalt und Aussage

1 *Kurzbeschreibung*
Die sieben Löwen, die der kleine Benni an einem Kindergartenvormittag besiegt hat, helfen ihm, seine Wut zu bekämpfen.

2 *Hauptfiguren*
Benni; seine Kamerad/innen: Max, Maria, Fritz und Peter; ein Fußballspieler, die Erzieherin, die Hausmeisterin.

3 *Schauplätze*
Rahmenhandlung: Bennis Wohnung (Eßzimmer);
Erzählhandlung: Kindergarten, Fußballfeld, Hausflur.

4 *Handlungsverlauf*

Beim Mittagessen erzählt Benni, daß er heute im Kindergarten sieben Löwen besiegt hat. Der erste tauchte auf, als der lange Max Benni zu Boden geworfen hatte, der zweite, als Maria seine Buntstifte klauen wollte, der dritte und vierte, als Fritz und Peter Benni beim Essen nicht in Ruhe essen ließen, der fünfte kam, als die Erzieherin auf Benni böse war, der sechste, als die Großen Benni nicht mitspielen lassen wollten, der siebte, als die Hausmeisterin grundlos mit Benni schimpfte. Der siegreiche Kampf mit den Löwen fiel immer ein wenig anders aus. Benni hat sich gegen seine „Widersacher" erfolgreich gewehrt, indem er die „Wutgeister", eben die Löwen, auf den Plan rief.

5 *Botschaft*

Wenn Kinder Frust erleiden, werden sie wütend. Die Wut aber muß und kann bewältigt werden, sogar ganz allein. Die Phantasie hilft dabei, auch das Gespräch in der Familie.

(4) Vermittlungssituation

1 *Leseanlaß*

Kinder sind wütend, leicht erregbar und werden mit dieser Situation nur schlecht oder gar nicht fertig.

2 *Lesealter*

Von 5 Jahren an. Gemeinsames Vorlesen und Betrachten.

3 *Vermittlungsort*

Kindergarten. Thema: „Ich habe eine Wut".

4 *Vermittlungsform*

Entweder Buch-Präsentation – am günstigsten in einer kleinen Kindergruppe – oder: Dias bei abgedunkeltem Raum, in der größeren Kindergruppe. Die Rahmenhandlung (Gespräch am Eßtisch) kann zunächst wegbleiben. Ausgangspunkt könnte ein Ereignis im Kindergarten sein, etwa das Anrempeln beim Pausenessen. Ein Kind bekam einen Wutanfall und wurde damit nicht fertig, es weint und ist untröstlich ... Dabei könnte von dem Bild „Mit dem spitzen Rotstift ..." ausgegangen werden. Diese Situation können die meisten größeren Kindergartenkinder gut nachempfinden, indem sie sie mit der eigenen Alltagswirklichkeit vergleichen. Nach und nach kann dann ein „Löwenzauber" nach dem anderen erzählt werden. Die Dias können Gelegenheit geben, Bennis Wut zu artikulieren. – Möglich ist auch, anfangs nur die Dias zu zeigen, die Benni „in Nöten" darstellen: Haare ziehen, Stifte wegnehmen, anrempeln, Standpauke, stoßen, schimpfen. Die Kinder können selbst die jeweilige Situation beschreiben oder im Rollenspiel darstellen und dazu sprechen. Dann werden die „Löwenbilder" zugeordnet und die Konfliktlösungsmöglichkeit besprochen.

5 *Auswertungsmöglichkeiten*
Löwen auf den Plan rufen: „Komm schon, Löwe, Wutgeist, ich brauch' dich jetzt!" – Besprechen, warum Kinder Wut kriegen können. Dabei darauf achten, daß Wut als eine durchaus menschliche „Regung", nicht als etwas Amoralisches bewertet wird. – Jeder hat schon einmal eine Wut gehabt gegen … (die Schwester, die Erzieherin, den Vater …). Benni half das Zeichnen der wutauslösenden Person; wir können es ebenso versuchen. – Sprecht daheim über eure Wutanfälle; erklärt Eltern und Geschwister den Grund dafür. – Fragt Eltern, Großeltern, Nachbarn: „Kriegst du auch manchmal eine Wut? Was machst du, um sie loszuwerden?"

(5) Bedeutung

1 *Literarische Qualität*
Heinz Janisch (geb. 1960, österreichischer Autor von Erzählungen, Lyrik, Features) ist eine anschauliche, an der kindlichen Alltagswirklichkeit orientierte phantastische Erzählung gelungen. Schon kleine Kinder können die sieben logisch verketteten, aufeinander „verweisenden" Einzel-Episoden geistig verfolgen. Auch die einfache Rahmenhandlung ist leicht erfaßbar. Die Sprache ist aktional, „modern", der Wortschatz ausnahmslos verständlich. Manches wird leicht ironisiert, was allerdings von jungen Leser/innen nicht selbstverständlich aufgenommen wird.

2 *Bildnerische Qualität*

Gabriele Kernke (geb. 1966, in Bremen lebende deutsche Illustratorin mit zunehmendem Erfolg bei angesehenen Kinderbuchverlagen) hält ihren frechen, aktionalen, dabei aber grafisch durchgestalteten Stil bewundernswert auf hohem Niveau. Sie selbst interpretiert (für den Leser) durch die Ausstattung der Löwen (Halstuch, Brille, Mütze, Frisur) den Inhalt und erzielt beim zweiten Hinschauen ein (an)erkennendes Schmunzeln. Der gesamte Bildcharakter entspricht dem Thema.

3 *Didaktische Relevanz*

Soziales Lernen beginnt beim Lernen des Umgangs mit sich selber: Wie bin ich eigentlich? Was empfinde ich, wenn andere mich ärgern, hänseln, ausschließen, beschimpfen ...? Diese Fragen gehen den Lösungsstrategien, wie ich mit meiner Wut am besten (schnellsten) fertigwerde, noch voraus. Dadurch klärt das Kind eigene, oft nur latent bleibende, Gefühle. Es lernt, mit eigenen Gefühlen umzugehen.

4 *Pädagogische Relevanz*

Erzieherisch wirkt das Buch selbstverständlich durch die in Punkt 3 dargestellte „Selbstanalyse" funktional. Es zeigt Kindern, wie wesentlich die eigene Vorstellungskraft bei der Bewältigung von Konflikten sein kann. Im Aufzeigen der Konflikte der „Modellfigur" Benni und der „Modell-Konfliktlöser" Löwen haben die Leser/innen eine Identifikationshilfe. Das Ertragen täglich erlittener „kleiner" Niederlagen ist nicht alles – ihre Bewältigung erst macht innerlich frei. Man muß sich freikämpfen, darf nicht warten, bis die Erlösung aus der Aggression von irgendwoher kommt.

5 *Propädeutik*

Literatur kann Hilfe bedeuten, um die eigene Lebenssituation richtig einzuschätzen und zu bewältigen. In Geschichten steckt eine „verwandelbare" Kraft. Sie regen an, sich selbst zu erkennen, zeigen Auswege aus Konflikten.

Beispiel 3

(1) Bibliographie

Klages, Simone: Ede und der Weihnachtsriese, München (dtv junior; Originalausgabe) 1995.

(2) Erscheinungsform

Format: 12 x 18 cm, (Taschenbuch);
47 Seiten;
Bildstil und -technik: Bildgeschichte (Comic), maximal 6 Bildchen pro Seite, Feder- bzw. Filzstift-Zeichnung mit Schmuckfarbe Rot;
Druck: Sprechblasentexte: „handgeschriebene" mittelgroße Druckschrift; Zwischentexte gesetzt;
Layout: durchgehende, gegliederte Bilderfolge unterschiedlicher Länge und Breite, jede Seite bildlich voll ausgenützt, jedes Bild schwarz strichgerahmt.

(3) Inhalt und Aussage

1 *Kurzbeschreibung*
Auf einem im Hafen liegenden Schiff, wohin Ede(ltraud) ihren Eltern vom Weihnachtsmarkt aus entwischt ist, begegnet sie einem Riesen von Weihnachtsmann.

2 *Hauptfiguren*
Ede (Mädchen); ihre Eltern; der Riese (als Weihnachtsmann).

3 *Schauplätze*
Wohnung von Edes Familie; Weihnachtsmarkt am Hafen; Schifffahrtsmuseum; ruhendes Schiff.

4 *Handlungsverlauf*
Ede (Spitzname von Edeltraud) will gern ein Matrose sein, ein Käpt'n zur See. Ihre Eltern haben aber wenig Zeit für Spielereien. Um Ede auf den Weihnachtsmarkt zu bringen, braucht es Tricks und Versprechungen. Ede ist enttäuscht, als ihr die Eltern die versprochene Schiffsfahrt verweigern. Auch den Wunsch nach einem Modellschiff erfüllen sie Ede nicht. Dafür stellen sie sie –

um für sich selbst Zeit zu haben – im Schiffahrtsmuseum ab. Ede nimmt Reißaus, wohl wissend, daß die Eltern sich dann (endlich) Sorgen machen werden um ihr Kind. Auf einem Binnenschiff genießt Ede es, vorübergehend Käpt'n sein zu können. In einem Schrank entdeckt sie, mutig geworden, einen Riesen. Er ist wie der Weihnachtsmann gekleidet. Beide beschließen, dem (Piraten-)Kapitän zu helfen, der wegen seines Gipsbeines nicht Weihnachtsmann spielen kann. Der Riese wird den Kapitän auf dem Weihnachtsmarkt vertreten, wo er die Kinder überraschen soll. Doch der Riese entpuppt sich als ziemlich eigensüchtig: Er ißt die Süßigkeiten alle selbst auf. Ede ist schließlich froh, ihre Eltern wieder zu haben. Der Riese bringt sie zusammen.

5 *Botschaft*
Wenn Eltern für ihre Kinder keine Zeit und für Erziehung kein Talent haben, holen Kinder sich Helfer in ihrer seelischen Not, und wenn dies nur in der Phantasie geschieht.

(4) Vermittlungssituation

1 *Leseanlaß*
Vorweihnachtszeit; Schiffe/Hafen als Thema

2 *Lesealter*
Von 6 Jahren an (zum Selberlesen: ab 7 Jahren)

3 *Vermittlungsort*
Grundschule

4 *Vermittlungsform*
Teil-Präsentation der Bildgeschichte: Auf Overheadfolie werden die Buchseiten 5, 6, 7 und 8 der ganzen Klasse gezeigt. Dann die Bücher austeilen. (Taschenbücher sind so preisgünstig, daß sie als Klassensatz angeschafft werden können oder die Kinder sie sich zu Weihnachten wünschen können.) Vermuten lassen, wie die Geschichte weitergehen könnte (nach Seite 8). Die Kinder lesen in Einzelarbeit das ganze Buch zu Ende.

5 *Auswertungsmöglichkeiten*
Arbeit am Buch: Es wird viel nachgelesen und nachgeschaut. Einteilen: Im Museum – Am Hafen – An Deck des Binnenschiffes – Die Überraschung aus dem Schrank – Der Käpt'n und der Riese – Der Weihnachtsriese auf dem Weihnachtsmarkt – Edes Eltern finden ihr Kind – Der Riese verschwindet – Heiligabend ... – Die Geschichte ohne Dialoge erzählen – Die Szene Ede-Weihnachtsriese auf dem Binnenschiff spielen – Fragen zum Verständnis der „Erziehungssituation" Edes: Warum haben die Eltern kein Verständnis für ihr Kind?

(5) Bedeutung

1 + 2 *Literarische und bildnerische Qualität*
Simone Klages (geb. 1956, Hamburgerin, hat mit ihren Bilderbüchern große Erfolge und erarbeitete dieses Bildgeschichtenbuch während eines Aufenthaltes im Künstlerhaus Lauenburg) ist nicht auf Bildgeschichten spezialisiert. Es gelingt ihr mit diesem Buch aber, die traditionsreiche Form für ein modernes Thema (Kind setzt sich gegen das Unverständnis seiner Eltern mit der Kraft der Phantasie zur Wehr) zu nutzen. Die literarischen Mittel verbinden sich ungezwungen mit den bildnerischen Zugriffsmöglichkeiten. In Form eines relativ umfangreichen Comics mit Zwischentexten (sehr kurz!) erzählt sie anschaulich und zugleich spannend. Die Mittel der Bildgeschichte erlauben es der Künstlerin, die Schwie-

rigkeit der Identität von Ede und dem Riesen, der sich selbst beschenkt, den Kindern klar zu machen. Dadurch, daß Ede sich „hinter" den Weihnachtsriesen stellt, gehen für die lesenden Kinder Ede und der Riese in eine Person über.

3 *Didaktische Relevanz*

Kinder lernen, sich selbst gegen Eltern durchzusetzen. Sie überwinden ihren Frust, der aus den Zurückweisungen ihrer Eltern entsteht, durch ein Phantasiespiel. Es verhilft ihnen zu einer Portion Ichstärke.

4 *Pädagogische Relevanz*

Kinder werden regelrecht zu Riesen ihren Eltern gegenüber, ja sogar zu Weihnachtsriesen, die mit Sack und Rute drohen. Die Selbständigkeit Edes kann sich auf die lesenden Kinder übertragen. Sie erfahren in der Bildgeschichte, daß es Sinn hat, darüber nachzudenken, wie Eltern „kinderfreundlicher" werden können.

5 *Propädeutik*

Bildgeschichten-Lesen wirkt gegen den willkürlichen Konsum von Comics. Gute Bildgeschichten haben einen Sinn. Sie sind nicht weniger spannend und unterhaltsam als derbe, farbgrelle „Heftchen"-Comics. – Durch Bildgeschichten kann man so zum Lesen von Texten kommen.

Da in dem Buch ein Foto und eine Vita der Autorin zu finden ist, ergibt sich die Chance, über den Verlag Kontakt mit ihr aufzunehmen. Sie beantwortet bestimmt gern Fragen, die im Laufe der Lesearbeit entstanden sind oder freut sich über Arbeitsergebnisse.

Der im Buch genannte andere „Ede"-Titel („Ede und die Fiesen Fünf") kann als Folge-Lektüre in der Bücherei oder Buchhandlung angefordert werden.

Beispiel 4

(1) Bibliographie

Erlbruch, Wolf: Frau Meier, die Amsel, Wuppertal (Peter Hammer) 1995.

(2) Erscheinungsform

Format: 24 x 28 cm (quer), gebunden;
32 Seiten (ohne Seitenzahlen);
Bildstil und -technik: auf leeren Bildraum applizierte, teilweise verfremdete Illustrationsteile (verschiedene Techniken);
Druck: relativ groß gedruckter, mit viel Durchschuß versehener Text in gemischter Antiqua;
Layout: verschieden große, zart gerahmte Bilder, Textblock unregelmäßig lang, auf heller, gelblicher Grundfläche.

(3) Inhalt und Aussage

1 *Kurzbeschreibung*
Die sorgengeplagte Frau Meier umhegt eine junge, hilflose Amsel aus ihrem Garten und will ihr das Fliegen beibringen.

2 *Hauptfiguren*
Frau Meier; ihr Mann; die Amsel.

3 *Schauplätze*
Haus und Garten der Meiers.

4 *Handlungsverlauf*
Die dicke, große Frau Meier plagen Alltagssorgen, die ihren Ehemann kalt lassen. Die junge Amsel, die Frau Meier in ihrem Garten findet, kann sie endlich umsorgen – wie ihr eigenes Kind. Sie wendet sich dem Vöglein liebevoll zu, füttert und wärmt es und kommt schließlich darauf, ihm das Fliegen lehren zu müssen. Hierfür wachsen Frau Meier ungeahnte Kräfte zu. Die Flugstunden führen zum Erfolg: Leicht wie eben Vögel fliegen, segeln beide – was Herrn Meier völlig unbeeindruckt läßt – über die Häuser hinweg.

5 *Botschaft*
Wer sich nicht um Lappalien, sondern um ein hilfloses Lebewesen sorgt, entwickelt Fähigkeiten in sich selbst, die er sich gar nicht zugetraut hätte. Die Gleichgültigkeit anderer stört ihn bei seinem Vorhaben keineswegs.

(4) Vermittlungssituation

1 *Leseanlaß*
Ein junger Vogel wird gefunden.

2 *Lesealter*
Von 6 Jahren an verständlich, aber ab 8 wohl erst „durchschaut".

3 *Vermittlungsort*
Grundschule

4 *Vermittlungsform*
Erarbeiten in der Kleingruppe. Dabei sollte ein Kind blättern, eines zuerst den ganzen Text einmal vorlesen. Bei einem zweiten Durchgang wechseln. Denkbar ist auch Partnerarbeit, ohne Eingreifen der Lehrperson. Anhand der gezeigten Bildszenen kann auf verschiedene Akzente der Geschichte im Gespräch (mit oder auch ohne Lehrperson, dann aber mit kurzen Arbeitshinweisen) eingegangen werden: die geplagte Hausfrau; der unsäglich gleichgültige, kindische Ehemann; die „Obsessionen" der Frau Meier; die gebeugte Haltung ihrer Zuwendung. Ihre Alleingänge als Kletterin; ihre Sportlichkeit (bei einer unsportlichen Figur). – Die Sprachlosigkeit (stets geschlossener Mund) der Frau Meier auskosten: Schreibt ihre Gedanken auf, die sie auf den „Flug"-Bildern hat! – Bilddetails analysieren: Symbolik der Grafik entdecken: Die türkisfarbenen Bilder, die schwarzen Fetzen, die Katze (auch sie ist in gleichgültiger Haltung)... – Die Besonderheit der künstlerischen Bildmittel herausstellen: vergleichen mit anderen Bilderbüchern (Deckfarbenmalerei, Wachsstifte, Wasserfarbenmalerei ...). Die Wirkung ausgeschnittener Bildelemente (Applikationstechnik) im Kunstunterricht erproben.

5 *Auswertungsmöglichkeiten*

Auch deine Mutter macht sich Sorgen – frage sie, worüber besonders. Echte von wichtigtuerischen Sorgen unterscheiden. Sorgen sieht man dem Menschen an (Gesicht, Leibesfülle). Frau Meier ist dafür ein Beispiel. – Ein junger Vogel wurde aufgefunden – wer kommt auf den Gedanken, ihn das Fliegen zu lehren? Was also soll diese Erzählung? – Das Fliegen haben die Menschen öfters ausprobiert … (Ikarus-Sage), wir schlagen in Sachbüchern nach und lesen über kümmerliche Flug-Versuche und solche, die zum Erfolg führten. Wir halten Frau Meier dagegen – und erkennen die Möglichkeiten von Erzählungen. – Der Geschichte eine ganz andere Wendung geben. – Ein Bild malen: Frau Meier als Amsel fliegt über all ihre Alltagssorgen hinweg (Gemeinschaftsarbeit für die Klassenzimmerwand). – Dialoge für die Geschichte erfinden (der Bilderbuchtext ist damit ungewöhnlich sparsam) und auf Band mit verteilten Rollen sprechen. – Dem Bilderbuch einen anderen Titel geben (nachdem seine Ironie erkannt worden ist).

1 + 2 *Literarische und bildnerische Qualität* (5) Bedeutung

Wolf Erlbruch (geb. 1948, deutscher Illustrator so berühmter Bilderbücher wie „Vom kleinen Maulwurf …", „Das Bärenwunder") ist zugleich Text- wie Bildautor dieses Buches. Die phantastisch-realistische Geschichte, die er erst nach einer beredten Doppelseite mit dem lapidaren Satz „Frau Meier machte sich Sorgen" beginnen läßt, wird augenzwinkernd erzählt. Sie ist eigentlich nur zusammen mit den Bildern, und diese wiederum nur zusammen mit eben diesem nur scheinbar vordergründigen Text, zu verstehen. Als wissender Erzähler spricht er den Leser hin und wieder an: „Ihr müßt nämlich wissen, daß …" Herr Meier, der Zurückhaltende, ein wenig Einfältige, ist es seltsamerweise, der direkte Rede gebraucht. Frau Meier dagegen ist die aktiv Handelnde. – Die Bilder sind ungewöhnlich: Frau Meier wird in ihrer Wuchtigkeit und dumpfen Besorgnis fleischig und kernig gezeigt, während ihr Mann geistig etwas beschränkt dargestellt wird. (Eingeweihte wollen darin ein Selbstporträt des Autors erblickt haben.) Das anmutige Schwebfliegen, das Erlbruch der schwerfälligen Frau zuschreibt, die Zärtlichkeit, mit der sie, die Grobschlächtige, für das hilflose Vogeljunge sorgt, der Eigensinn von Herrn Meier – das ist, weil situationskomisch gebrochen, eine hohe Illustrationskunst. Diese werden Kinder mit 5/6 Jahren vielleicht da und dort lustig finden, den ganzen Ernst, der dahinter steckt, dürften aber nur aufgeweckte größere Kinder erfassen.

3 *Didaktische Relevanz*

Menschen, die nach außen hin eher tollpatschig wirken, haben ein zartfühlendes Inneres – diese Erkenntnis aus der Geschichte zu gewinnen, wäre nicht falsch. Aber ihr Kern ist eher: Die Sorge um ein hilfloses Lebewesen läßt einen Menschen über sich hinauswachsen. Wir haben so etwas wie einen Instinkt, für hilflose Wesen einzutreten.

4 *Pädagogische Relevanz*

Geht der zu weit, der behauptet: Männer sind zu solchen „Instinkthandlungen" viel weniger fähig als Frauen? Erlbruch zeigt das deutlich. Der Mann geht seinen – vermeintlich – sinnvollen künstlerischen Tätigkeiten nach (er malt, schneidet aus, kocht Pfefferminztee, spielt Mundharmonika – alles Tätigkeiten, die ihn selbst, ihn allein, befriedigen, nicht aber anderen zugute kommen), während die Frau eine fürsorgende Rolle übernimmt.

5 *Propädeutik*

Auch die Kinderliteratur kann ohne Kinder auskommen. In Erzählungen wie in Bildern stecken „Metaphern", Bedeutungen, die dem Aufschluß geben, der sie zu „lesen" versteht.

Zusammenfassung

Bilderbücher

- sind heute begehrte Sammelobjekte, auch von „Nichtpädagogen“, und werden wegen ihres „Gesamtkunstwerk“-Charakters geschätzt
- sollten sowohl unter literarischen als auch unter bildnerischen Aspekten betrachtet werden, nicht allein unter pädagogisch-didaktischen
- werden von zahlreichen Rezensionsinstanzen beurteilt, sollten aber auch in Kollegenkreisen der pädagogischen Praxisfelder (Kindergarten, Grundschule) besprochen werden
- lassen sich nach vielen Richtungen hin genre-mäßig erfassen, was allerdings für die Vermittlung wenig bringt
- werden von Kindern anders als von Erwachsenen rezipiert, vor allem aufgrund besonderer Wahrnehmungskonstellationen
- können unter Verwendung von hilfreichen „Checklisten“ analysiert werden
- weisen bildnerische, persönlichkeitsstrukturelle, lernpsychologische, sprachliche und sachliche Funktionen auf
- bieten viele Möglichkeiten ihrer Vermittlung in der Kindergruppe bzw. Schulklasse
- werden je nach Entwicklungsalter (kognitiv/emotional/moralisch urteilend/sprachlich) ausgesucht und eingesetzt
- sind nicht nur als (oft teure) Hardcover-Ausgaben, sondern gelegentlich auch als (preiswerte) Taschenbuch-Paperbacks zu haben
- bilden das Herzstück der Literaturpädagogik in der frühen Kindheit, indem sie Kunst mit Literatur vereinen

7. Bildgeschichten – nicht nur komisch

Wir reden so viel von den „neuen“ Medien – das Fernsehen war ihr Vorreiter – und denken zu selten an die „alten“ Medien. Zu ihnen gehören die Bildgeschichten. Noch heute geht von ihnen eine faszinierende Wirkung aus, ziehen sie das bildverwöhnte Kind in ihren Bann. Selbst Erwachsene entziehen sich nicht der umwerfenden Prägnanz einer wortlosen oder textarmen Bildfolge, die oft aus nur drei, vier Teilen besteht, sofort überblickbar ist und durch ihre Pointe überrascht. Bildgeschichten werden oft den Textbeiträgen in Zeitschriften vorgezogen, da sie raschen Zugang ermöglichen und schnell zu Ende kommen. Kurze Bildgeschichten werden von „Lesemuffeln“ (unter den Erwachsenen) bevorzugt. Was ein Textautor mit vielen Worten be- und umschreiben muß, zwingt der Zeichner in einen einzigen Bild-„Cluster“. Umgekehrt ist dieser „Cluster“ dann „mit vielen Worten“ auflösbar.

Erwachsene genießen Bildgeschichten in Publikumszeitschriften

Zwar einem „Weckbuch für Kinder“ („Quatsch. Bilder, Reime und Geschichten“, Rowohlt TB 1974, S. 45) entnommen, dürften die beiden folgenden Bilder in ihrer textlosen Version vielleicht erst Erwachsenen voll verständlich sein. Unter einem zweiten Bildpaar, das nach dem gleichen Schema aufgebaut ist, steht dort der lapidare Satz „Wir sind schon so lange befreundet“. Dieser Satz soll die Bildaussage – Ähnlichkeit zwischen Mensch und Haustier – erklären. Erwachsenen kommt beim Vergleich der beiden Zeichnungen gewiß eine Reihe ihnen persönlich bekannter menschlicher Gesichter in den Sinn, die in der Tat denen von Tieren ähneln. In der Bildmetaphorik ist also eine Erfahrungs-„Wahrheit“ verdichtet.

Verdichtung von „Erfahrungswahrheit“

Beispiel 1

Das Komische wird in den meisten Bildgeschichten als Genre bevorzugt. Über Unvorhergesehenes, Absonderliches, Lächerliches wird geschmunzelt oder gar hellauf gelacht. Dem „komischen“ Bild gehört die Sympathie, noch dazu dann, wenn der Betrachter sich selbst gespiegelt sieht, seine eigene (oder des anderen) Unzulänglichkeit, Tollpatschigkeit, Verletzlichkeit. Der Bildgeschichten-Klassiker Wilhelm *Busch* hat nicht von ungefähr einen so überwältigenden und dauerhaften Erfolg mit seinen gezeichneten Sequenzen gehabt, die mit vielen anderen (Franz von *Pocci,* Lothar *Meggendorfer,* Otto *Speckter,* aber auch *Pletsch, Reinhardt, Menzel, Oberländer)* in der zweiten Hälfte des 19. Jahrhunderts in den „Münchner“ bzw. „Deutschen Bilderbogen“ weite Verbreitung fanden und zum Massenmedium wurden.

Klassiker der Bildgeschichte, Bilderbogen-Kultur des 19. Jahrhunderts

Mag das Witzige und Groteske in den Bildgeschichten auch heutige Kinder noch zum Lachen bringen – der einzige Effekt von Bildgeschichten ist diese Wirkung nicht. Anhand einiger Beispiele soll belegt werden, daß Bildgeschichten elementare Bedeutung für den Umgang mit Gedrucktem, also für den Aufbau einer Lesemotivation schon im Kindesalter haben.

Die Bedeutung der Bildgeschichten für die Literarisierung des Kindes

7.

Beispiel 2 Eine Bildsequenz wird versprachlicht:

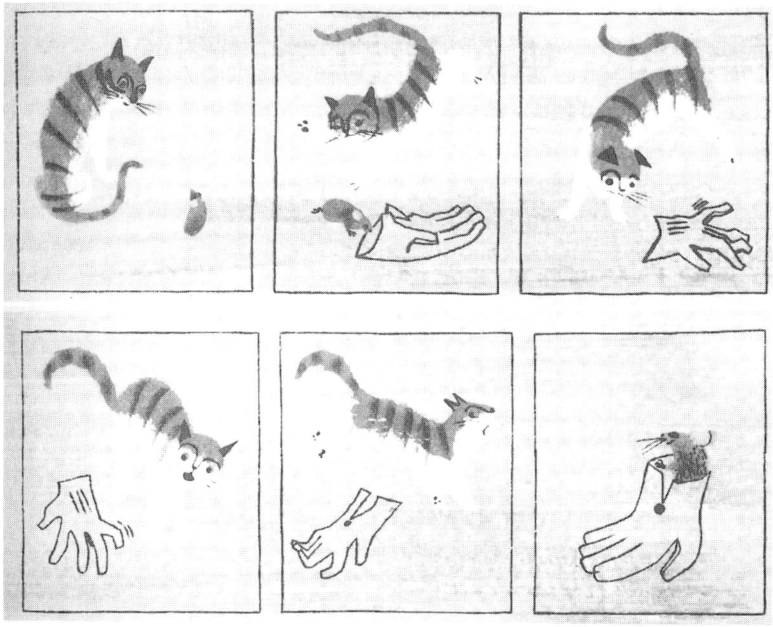

Rudolf *Karnick* berichtet von einem Sechsjährigen, der diese Bildergeschichte folgendermaßen „erzählte":

> „Die Katze will die Maus haben, und dann springt die Maus schnell in den Handschuh. Und die Katze springt hinterher und hat sie nicht gekriegt. Und dann will sie die Maus aus dem Handschuh fischen, und das geht nicht. Die Katze will die (Maus) haben und kriegt sie nicht. Und die Katze geht los. Und da guckt die Maus wieder aus dem Handschuh 'raus, und die Geschichte ist aus."

Tips und Anregungen für die Praxis:

- Bildgeschichten wählen, zu denen sich leicht eine schlüssige Geschichte erzählen läßt.
- Akteure „einfacher" Bildgeschichten können Tiere sein, die Kinder gut kennen.

- Anfang und Schluß einer Bildergeschichte müssen vom Kind gut „erkannt“ werden können.
- Je weniger „Personal“, um so leichter läßt die Bildgeschichte sich in Worte fassen.

Zwei zusammenhängende Bilder vergleichen: **Beispiel 3**

Tips und Anregungen für die Praxis:

- Zuerst-zuletzt-Beziehungen verbalisieren, dabei auf beiden Bildern gleiche Gegenstände identifizieren.
- Die Tätigkeit des Bären auf beiden Bildern beschreiben und ähnliche aufeinander folgende Tätigkeiten nennen.
- Gedanken lesen: Was könnte den Bär bewegen, die Mäuse zu sich an (auf!) den Tisch einzuladen?
- Sich ausdenken, woher plötzlich die Mäuse alle gekommen sein könnten.

Beispiel 4 Zu einem sichtbaren Bild eine Bildfolge denken:

Tips und Anregungen für die Praxis:

– Der Textanweisung folgen:

> „Gleich tritt der Kellner auf den Hund,
> bestimmt nur aus Versehen!
> Wenn Luzie den Ballon zerpiekt,
> was wird dann wohl geschehen?"

– Von links nach rechts jede Möglichkeit der Veränderung genau erzählen.
– Wenn Luzie einen Namen hat, sollen auch die übrigen Mitspieler einen bekommen.
– „Überschriften" mindestens dreier Sequenz-Bilder nennen.
– Ausrufe des Entsetzens, der Überraschung, des Erschreckens … formulieren und in Sprechblasen schreiben.

Teile einer Bildgeschichte weiter fortsetzen: **Beispiel 5**

Anne wünscht sich …

einen Wasserhahn, aus dem immer Limonade fließt …

einen Wasserfall über der Badewanne …

Tips und Anregungen für die Praxis:

- Unterschiede zu einer narrativen Bildgeschichte erkennen und benennen.
- Das Unmögliche der dargestellten Situationen auf dem jeweiligen Bild deuten.
- Fragen und sagen, was Anne sich noch ausdenken könnte.
- Zum Vergleich zu den selbst gefundenen (wohl nur „erzählten“) Wünschen weitere „gezeichnete“ Wünsche von Anne zeigen und deuten lassen (zu finden in: Bilder Buch Nummer 1, Beltz & Gelberg 1973, S. 27 ff.): Anne wünscht sich, einmal ganz klein zu sein, gleich hinter dem Haus das Meer zu sehen, jeden Tag Geburtstag zu feiern, ein türloses Haus (aber eine Strickleiter zum „Fensterln“), … schließlich: „endlich groß zu sein“.

Beispiel 6 Den verborgenen Spott einer Bildgeschichte erfassen:

Tips und Anregungen für die Praxis:

- Die Alltagssituation, in der ein solcher „Dialog“ stattfindet, möglichst genau beschreiben.
- Dem Arzt Sprechblasen zuordnen, dann dem Jungen.
- Das Rache-Verhalten des Jungen gegenüber dem ihn quälenden Arzt zu erklären versuchen.
- Weitere „ungebührliche“ Forderungen Erwachsener an Kinder diskutieren und vielleicht eine ähnliche Bildgeschichte entwerfen.

Zu einer Bildgeschichte schreiben:

Beispiel 7

Tips und Anregungen für die Praxis:

- Den Geschwister-Dialog lesen und seine Knappheit aus der dargestellten Szene begründen.
- Die Geschichte schreiben: „Da waren einmal ...“
- Sich eine „Vorausgeschichte“ ausdenken: Wie könnte die Sache losgegangen sein? Welche Bilder lassen sich dazu malen?
- Die „Nachhergeschichte“ zuerst ausdenken, besprechen, die beste wählen und von allen Kindern schreiben lassen.

Beispiel 8 Bildgeschichten Anleitungen zum Handeln entnehmen:

Tips und Anregungen für die Praxis:

- „Erraten“ lassen, was hier hergestellt wird. (Dabei wird der im Original beigegebene Beschreibungstext weggelassen.)
- Nacheinander in genauen, möglichst kurzen Sätzen sagen, was geschieht.

- Bilddetails erläutern: Warum wird gezeigt: Messer, Sonne, Uhr? Was wäre, wenn diese „Hinweise“ fehlten?
- Erwägen, welches Bild dieser Sequenz am ehesten weggelassen werden könnte. Begründen.
- Das 7. und letzte, hier nicht wiedergegebene Bild des Originals trägt den Text: „Du kannst den Tee mit Honig süßen, ihn warm oder kalt trinken“. Dazu ein entsprechendes 7. Bild malen.

Wortwitz und Bildwitz miteinander verbinden: **Beispiel 9**

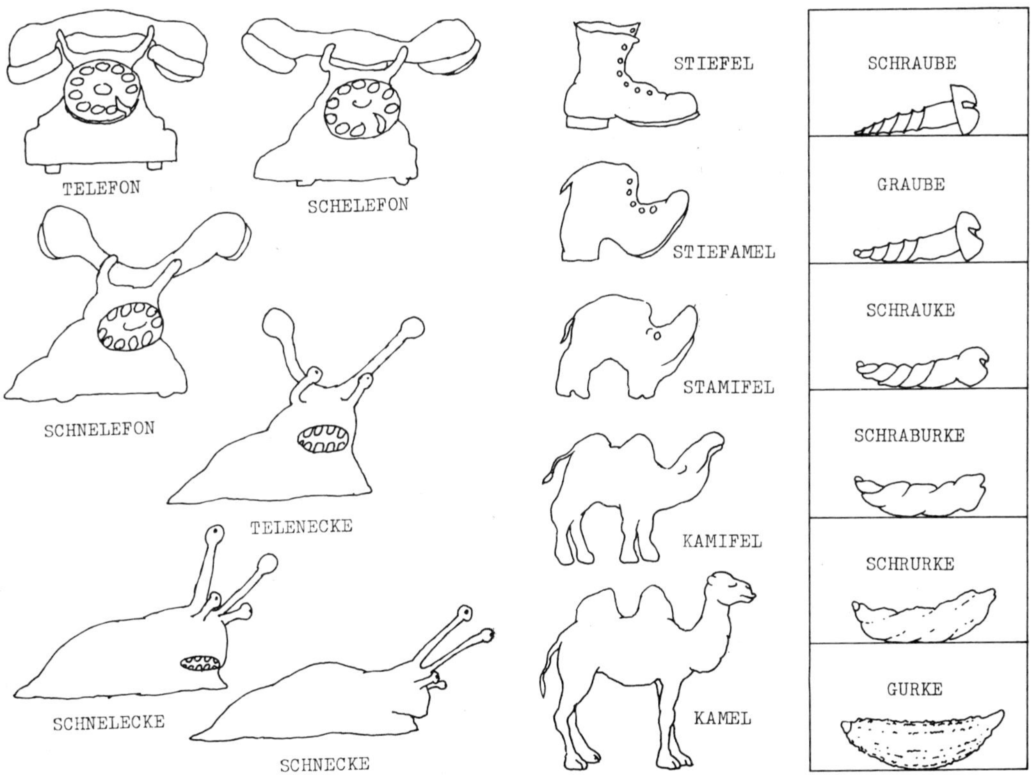

Tips und Anregungen für die Praxis:

- Die Bildfolge von oben nach unten als Besonderheit erfassen.
- Verbalisieren, was hier geschieht (Zeichnung und Wort verändern sich parallel in ähnlicher Weise).
- Eine ähnliche Bildgeschichte selbst „zusammenbasteln". Vorgegeben sind Einzelbilder und Wörter, ungeordnet.
- Überschrift-Erfindungen anregen („Aus dem TELEFON wird eine …").

Beispiel 10

Bilder zu einer Bildgeschichte ordnen:
Eine immer wieder interessante und anregende Aufgabe ist die, einzelne Bilder in eine bestimmte (sinnvolle) Reihenfolge zu bringen.

Tips und Anregungen für die Praxis:

- Zuerst alle Bilder kurz beschreiben lassen, bis die Ungeordnetheit selbst erkannt wird.
- Die Bildfolge per Ziffern oder durch Punkte (Würfel) bestimmen.
- Zu jedem Bild einen Satz formulieren.
- Wie könnte die Überschrift zu dieser Bildgeschichte heißen?

Bildgeschichten und Filme – Gemeinsamheiten und Unterschiede

Das Sehverhalten des Kindes bei Bildgeschichten ähnelt dem beim Film: Es sieht nacheinander eine veränderte Situation. Im Gegensatz zum extrem raschen Bildwechsel beim Film kann das Kind bei der Bildgeschichte langsam vorangehen und das Geschehen durch Rückwärtsgehen mit den Augen wiederholen, so oft es will. Die Bilder einer Bildgeschichte sind allerdings „verdichtet". Sie raffen das Geschehen, zeigen nicht jede Mutationsphase. Was „zwischen" zwei Einstellungen abgelaufen ist, müssen sich die Betrachter der Bildgeschichte „hinzudenken". Insofern wird ihr Denkvermögen angespornt, die Phantasie darf sich einbringen, Kombinieren wird geübt. „Die Bildgeschichte verlangt notwendig einen aktiven, kombinierenden Rezipienten. Der Erzählprozeß basiert … auf dem Verhältnis von Redundanz und Innovation. Redundanz meint dabei die gleichbleibende Wiederholung von Bildzeichen; Innovation einmal ihre Veränderung, zum anderen die Aufnahme neuer Bildzeichen." (Dietrich *Grünewald* in: „Vom Umgang mit Comics", S. 97)

Die meisten Bildgeschichten in (Taschen-)Büchern, Zeitschriften, Tageszeitungen (sog. Kinderseiten), Jahrbüchern (etwa der Elternzeitschrift „Spielen und Lernen", aber auch in den „Jahrbüchern der Kinderliteratur", seit 1971 von Hans-Joachim Gelberg herausgegeben) sind formal und inhaltlich förderlich. Wenn Kinder sie lesen, schulen sie ihren Sachverstand ebenso wie sie sich am – sagen wir es ruhig – trivialen, abenteuerlich-erregenden, meistens vordergründig klamaukhaften Geschehen amüsieren. Vor dem unkritischen Comic-Konsum ist selbst das kritisch erzogene Lese-Kind nicht geschützt. Plötzlich kann es der ungestillte Hunger nach „fast food" überfallen, und es läßt sich ein auf Fix und Foxy, Micky Maus, Bussi Bärchen, die umwerfend platten Schlümpfe oder Feuersteins, auf Dinos, Bären, Schweinchen Dick und Co., bis es bei den Superhelden wie Batman oder Superman gelandet ist, um vielleicht reumütig zu den wirklich „komischen" Figuren wie Asterix und Obelix zurückzukehren – oder eines Tages wieder ganz von den „Heftchen" mit ihren überfüllten, knallbunten, verwirrend überzogenen „picture-films" abzukommen.

Das Gute an Bildgeschichten – gilt das auch für die Comics?

Wer sich als Kind mit künstlerisch und pädagogisch wertvollen Bildgeschichten befassen durfte, ist oft gewappnet gegen Überfälle durch das Gräßlich-Häßliche, ja oft Radikale, Hetzerische, rein Aktionale der Kiosk-Comic-Ware. „Kinder sollten an möglichst vielen unterschiedlichen Bildformen ihren Geschmack schulen können, damit sie nicht irgendwelche Comic-Heftchen wahllos konsumieren", meint ein progressiv denkender Literaturpädagoge, der Verleger, literarische Entdecker und Programmleiter (Beltz & Gelberg) Hans-Joachim *Gelberg* („BilderBuch 1", 1973). Comics lesen sich locker, sind verlockend durch ihre rasch konsumierbare Ästhetik. Haben Kinder sich aber „eingelesen" in die Bildsprache von wirklich „witzigen" („Witz" ist mit „Wissen" verwandt!), intellektuell fordernden, klug und hintergründig konstruierten Bildsequenzen, stehen sie den Platitüden der reißerischen Comics mit ihren simplen Strickmustern und schnellen „Kitzlern" kritisch gegenüber.

Begegnung mit möglichst vielen unterschiedlichen Bildformen fördern

Ein eher bescheiden aufgemachtes „Comic"-Büchlein zum Schluß: „Bildergeschichten aus dem Alltag eines Lausdirndls", die dem Autor dieses Buches und der Zeichenfeder Jörg *Plannerers* entsprangen. „Typisch Angie"? Die Bildfolgen (dreischrittig, mit wenig Sprechblasentext) lassen ein pfiffiges Gör agieren, das seine liebe Not hat mit Eltern und Verwandten, Lehrkräften und Klassenkameraden, Freundinnen und Zufallsbekanntschaften. Das sieht zum Beispiel so aus:

„Typisch Angie" – eine neue Bildgeschichtenserie

Beispiel 11

7.

Wie umgehen mit Bildgeschichten?

Das Büchlein endet mit Hinweisen zum praktischen Umgang mit diesen Bildgeschichten, die unmittelbar an die lesenden Kinder gerichtet sind:

Hallo, Kinder!

Das alles könnt Ihr mit den Angie-Bildergeschichten machen:

1. In Rücken-, Bauch- oder Seitenlage eine Bildergeschichte nach der anderen – ob mit oder ohne Schnaufpause – genießen.
   Lesespaß ist erlaubt.

2. In Schulpausen, Spielstunden oder hinten im Auto einzelne Bildergeschichten herauspicken und miteinander lesen!
   Lautes Reden ist erlaubt.

3. Zu einer ausgesuchten Bildergeschichte einen ganz anderen Schluß – oder einen etwas anderen Anfang erfinden.
   Abwechslung ist erlaubt.

4. Eine beliebige Bildergeschichte mit eigenen Worten wiedergeben – mündlich oder schriftlich, je nach Lust und Laune.
   Wörterbuch ist erlaubt.

5. Den Personen von Bildergeschichten eigene Namen geben: aus dem Freundes- und Bekanntenkreis, von Schulkameraden oder Familienmitgliedern.
   Gemeinsam Lachen ist erlaubt.

6. Sich ausdenken, wie Angie sich noch „typischer“ verhalten könnte als es die eine oder andere Bildergeschichte erzählt.
   Phantasie ist erlaubt.

7. Zwei oder drei Bildergeschichten miteinander inhaltlich in Verbindung bringen, so daß sie eine Einheit beim Erzählen bilden.
   Kombinieren ist erlaubt.

8. Neue Überschriften für einzelne Bildergeschichten erfinden: kurze Sätze oder Ausrufe oder Redensarten sind möglich.
   Geheimschrift ist erlaubt.

9. Ganz und gar neue Angie-Geschichten miteinander ersinnen. Vorsicht: jede hat drei Bilder, nicht mehr und nicht weniger. Auf gehts, Zeichner – und ein neues Angie-Buch kann entstehen.
   Malkasten ist erlaubt.

10. Wer schreibt / zeichnet die beste Angie-Geschichte?
    Mitmachen ist erlaubt.

Zusammenfassung

Bildgeschichten

- dienen selbst Erwachsenen noch gerne zur Unterhaltung
- treten als Einzelbild, Bildpaar und Bildfolge auf und sind als Serien häufig auf Fortsetzungen angelegt
- betonen in erster Linie das Komische einer Handlungsabfolge und übertreiben häufig in der Darstellung, um deutlich zu machen, was „herausgelesen“ werden kann
- haben einerseits eine lange Tradition (Bilderbogen), weisen aber andererseits auf eine moderne Lese-Vorliebe mit Zukunft hin: das Comic-Lesen
- existieren in einer Fülle formaler und inhaltlicher Genres und vermitteln dem Kind eine beliebte kurzweilige und textreduzierte Lektüre
- dienen der Versprachlichung, dem visuellen Vergleich, dem Weiterdenken, der Sensibilisierung für Spott und Ironie, schrittweisen Handlungsanleitungen, aktiver Kombination kognitiver Strukturen, aber auch der Assoziation von Bild- und Sprachwitz
- eröffnen Möglichkeiten des vielfältigen kreativen Umgangs (Lesen, Weitererzählen, Schlüsse verändern, Namen ersetzen, ähnliche Geschichten erfinden)

8. Allein bald ganze Bücher lesen

Vor hundert Jahren mag es so gewesen sein: Mariechen aus gutem Hause (Bücherwand im Hintergrund, feines Mobiliar, Spitzenschürzchen überm Seidenkleid) hält freudig ein Buch in die Höhe, stolz, es schon lesen zu können. Endlich! Kaum guckt das Gör über den Tischrand, ist es auch schon bildungshungrig. Und fähig, den Wissensdurst selbst stillen zu können.

Selbst lesen können: der Stolz jedes Kindes

Das Buch, das Mariechen zeigt, enthält noch zu fast drei Vierteln Bilder. Aber etwas Text ist schon dabei. Allem Anschein nach kann Mariechen ihn ohne fremde Hilfe lesen. Und verstehen. Mariechen besitzt Bücher genug. Sie nimmt eins ums andere aus Vaters (!) Bücherwand. Und liest sich allmählich durch die Reihen. Ein richtiger „Bücherwurm“. Bis sie das Angebot des bildungsbürgerlichen Hauses nicht mehr ausreichend findet und das Leseangebot erweitern muß: in Schule, Bibliothek, Buchhandlung.
Soweit „Mariechen“ aus dem Jahr 1898. Und 1998? Mirjam, Lehrerstöchterchen, gerade sieben Jahre alt, geht es ähnlich gut. Im Kinderzimmer stapelt sie die Geschichtenbücher. Im Regal stehen einige Bilderbücher. Die Schultasche strotzt vor Büchern: Lesebuch, Sprachbuch, Rechenbuch, Liederbuch, Sachbuch, Kinder-

8.

Holzschnitt, Jahrhundertwende

Am Leseanfang steht heute ein reiches Angebot

bibel – und heimlich dazwischen ein Comic-Heftchen, von Marco geliehen. Morgen gibt Mirjam es an Silvia weiter, die ihr dafür eine Hörkassette mit Gert Hauckes „Mopsgeschichten" aushändigt. Denn: „Immer nur lesen – das macht doch keinen Spaß!" sagt Silvia gerade heraus. Aber sie hat einen Heidenspaß an den Mopsiaden des Schauspielers und Hunde-Spezialisten Gert Haucke, seit sie ihn in den Ferien bei ihrer Oma in Berlin damit im Rundfunk gehört hat. „Der kann so toll vorlesen", stellt Silvia fest. Und löchert seither ihre Oma, ihr doch alle drei Hörkassetten zum Geburtstag zu kaufen.

Silvias Eltern gehören nicht zur sogenannten Mittelschicht, Mutter: Raumpflegerin im Casino, Vater: Koch, zur Zeit ohne Job. Eigene Bücher? Silvia kann nur lachen: „Die paar, die ich hab, hat mir Tante Olga aus dem Urlaub am Neusiedler See mitgebracht. Von einem Flohmarkt. Ziemlich zerlesen und fleckig. Aber klasse. Besonders ‚Die Kinder aus der Krachmacherstraße' von Astrid Lindgren. Von der hab ich ‚Kalle Blomquist' im Fernsehen angeschaut. Und ‚Die Brüder Löwenherz' hat Frau Weiser im Hort mal vorgelesen. Da haben alle geheult. So toll war das Buch!" Ihre „Mops"-Kassetten hütet Silvia wie einen Schatz. Deshalb leiht sie Mirjam auch vorerst nur mal eine von den dreien. „Und wenn du sie mir zurückgibst, kriegst du die zweite", verspricht Silvia.

Kinder hören Geschichten auf Kassette und sehen sie im Fernsehen, noch bevor sie sie selbst lesen

Geschichten für Kinder sind eben keineswegs nur in Büchern zu haben, sondern inzwischen mühelos auf dem Hörkassettenmarkt zu kriegen, und im Kinderfernsehen bilden sie die Vorlagen für Kinderfilme.

Dennoch bleibt der Weg bis zu dem Zeitpunkt, da Kinder selbständig Bücher lesen können, keinem erspart. Das Lesen will erlernt sein. Da tun sich die Kinder schwer, die nie vorgelesen bekamen, denen die Welt der Bücher verschlossen blieb. Die sich nie in das Dickicht der Buchstaben begaben und versuchten, es selbst zu durchbrechen, durch Raten und Fragen und Tüfteln und Kombinieren. Für solche Kinder ist der Schulanfang einschneidend. Sie begegnen in der Lesefibel möglicherweise erstmals überhaupt

Wann tun Kinder sich beim Lesenlernen leicht, wann schwer?

einem Buch. Die Fibel – sie gilt für manche Großeltern und Eltern, die sich an ihre Abc-Schützenzeit erinnern, noch immer als „erstes Buch" – ist heute als Leselern-Grundlage umstritten. Es gibt sie zwar noch, mit begleitenden Arbeitsheften zur handlungsorientierten Verarbeitung versehen, aber ihr haftet spätestens seit den siebziger Jahren der Geruch des Diktats an. Sie zwinge alle Kinder unter das gleiche Joch, setze bei allen Schulanfängern dasselbe voraus, gehe für alle gleich schnell vor, zwinge jedes Kind, sich an Texten schulen zu lassen, die inhaltlich oft anspruchslos und dürr, altmodisch und betulich seien und – nicht persönlich. Fibelkritiker (wie Gudrun *Spitta,* Marion *Bergk,* Michael *Schwander* u. a.) gehen ziemlich weit, wenn sie behaupten, die Fibel entfremde die Kinder von sich selbst, anstatt daß sie ihnen Schrift und Lesen vertraut mache. Vertrautheit aber entstehe zuerst durch das Einbringen des je Eigenen, selbst Erlebten, subjektiv Empfundenen. Dem Lesen wird sogar ein zweiter Platz im gesamten Prozeß des Schriftspracherwerbs eingeräumt, und zwar nach dem Schreiben und Drucken (Schuldruckerei-„Bewegung").

Die „offiziellen" Fibeln sind ins Schußfeld der Kritik geraten – warum?

Vorteile einer *Eigenfibel* gegenüber der Verlagsfibel sind u. a. :

Kinder können ihre Fibeln auch selbermachen

- Sie setzt bei der kindlichen Spracherfahrung an.
- Sie spricht Schrift/Drucken Mitteilungsfunktion zu.
- Sie kommt dem kindlichen Ausdrucksbedürfnis entgegen.
- Sie spiegelt und dokumentiert ein Stück Alltagserfahrung des Kindes und sieht Lesen/Schreiben im pragmatischen Kontext.

- Sie unterstützt eine Erziehung zur Selbständigkeit und fördert eigenständiges, persönlich bestimmtes Lernen.
- Sie kann situative Lernanlässe aufgreifen, wobei sowohl sachlich betontes als auch erlebnishaft orientiertes Lernen gewährleistet wird.
- Sie wirkt einem bloßen „Teilfertigkeitstraining" (Wortaufbau, Wortabbau, Buchstaben-Laut-Differenzierungsübungen ohne Sinn- und Person-Bezug) entgegen.
- Sie betont entdeckendes, kreatives, eigenaktives Lernen.

Vorschläge zum Selbst-Gestalten

Die Arbeit mit *Eigenfibeln* im Anfangsunterricht und ihre Fortsetzung im 2. Schuljahr mit dem Selbstherstellen von Geschichtenbüchern, Abc-Heften, Klassenzeitungen, Info-Plakaten, Einladungskarten für Schulfeste, eigenen Postkarten, Lesezeichen, Schmuckbriefpapierbögen, Flugblättern, Beschriftungen von Bildgeschichten, ja selbst so „banaler" Mitteilungszettel wie Klassendienste oder Wandertags-Checklisten – diese Art des literarisch-ganzheitlich geprägten Erlebnis-Unterrichts setzt jedoch den für eigenständiges Lernen offenen und für handwerklich-künstlerisches Lehren fähigen Lehrer voraus.

Ein Beispiel für ein solches selbstgestaltetes Werk der Kinder kann ein als Gemeinschaftsarbeit erstelltes, gedrucktes und farbig mit Linolschnitten ausgestattetes Märchenbuch sein. Über den Lernzuwachs für die jungen Buchkünstler hinaus ist ein solches literarisches Kunstprodukt anderen Kindern und auch Erwachsenen zugänglich. Damit schließt sich der Kreis: vom Leser zum Leser.

Kinder lesen und drucken, schreiben und malen am Leseanfang mit großer Begeisterung

Sicher werden Lehrerinnen und Lehrer die mühevollen Schritte zu einem solchen selbstgefertigten Buch sogar höher einschätzen als das perfekte, formschöne Ergebnis selbst. In einer Coburger Grundschule (Lehrkraft: Ilse *Keßler*) wurden 1992 am Ende des 1. Schuljahres Abc-Hefte von den Kindern angelegt. Die Wörter des sog. Grundwortschatzes (d. i. der in Bayerns Grundschulen lt. Lehrplan 1980/81 einzuprägende Rechtschreibwortschatz) wurden in das Abc-Heft eingetragen, das im 2. Schuljahr fortgeführt wurde. Dabei wurde nicht auf repräsentative Fehlerlosigkeit geachtet, wie

Beispiel 1

dieses Beispiel zeigt. Mit zunehmender Schreibschrift-„Kunst“ ist es bald möglich, Ganzwörtern einfache Tierzeichnungen zuzuordnen:

Beispiel 2

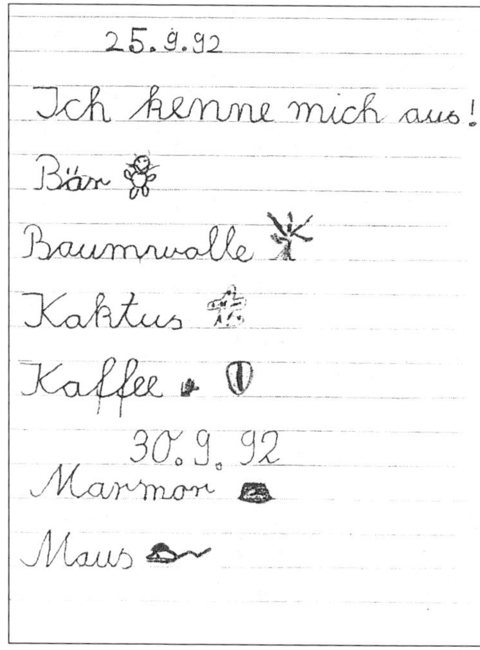

Kein Zwang zu rechtschriftlicher Korrektheit: Kinder sollen die Lust am Schreiben und Lesen nicht frühzeitig verlieren

Lesen und Schreiben in möglichst realistischen Lernsituationen zu verbinden müßte das Anliegen im Unterricht des 1. und 2. Schuljahres der Grundschule sein. Wer schreibt, hat anderen oder sich selbst (als Erinnerungs-„Aufschreiben") etwas mitzuteilen. Er tut dies spontan und achtet dabei nicht auf Korrektheit der Artikulation. Hauptsache, der Partner versteht. Kinder achten noch nicht auf Rechtschreibung. Wie sollten sie auch, wenn sie vieles, was sie schriftlich ausdrücken wollen, noch gar nicht im „Schreib-Schema" gespeichert haben. Sie schreiben, wie sie sprechen. Sie schreiben daher das Wort „sprechen" vielleicht so: „schbächn" oder „spechan". Je nach dialektgefärbter „Haussprache", je nach Fortschritt im Aufnehmen der Schreibnorm bringen die Kinder zwischen 5 und 7 Jahren ihre schriftlichen Mitteilungen zu Papier. Nur wenn sie zurechtgewiesen werden, lassen sie ab von ihren spontanen, oft von Zeichnungen pittoresk begleiteten Mitteilungen. Sie bekommen Schreibhemmungen, verlieren die Lust am schriftlichen Produzieren – und damit auch am Lesen. Daher sollen Eltern und Lehrkräfte, Erzieherinnen in Kindergarten und Hort ihre Befürchtungen, das Kind würde auf diesem Schriftsprachniveau stehenbleiben, zurücknehmen. Die Hauptsache ist erst einmal: das Kind hat Spaß am Selber-Schreiben!

Beispiel 3

8.

Das Lesenlernen beginnt in der Familie und im Kindergarten

Ein denkbarer Weg zum Lesenlernen wird im folgenden anhand einer Reihe von Kinderbüchern aufgezeigt. Begonnen wird dabei entweder in der Familie oder im Kindergarten, fortgesetzt werden diese Anfänge dann im 1. Schuljahr, wo Texte selbst gedruckt und Einzelbuchstaben kennengelernt werden, wo viel vorgelesen, wo aber auch erzählt, zugehört und gespielt, gemalt oder in der Leseecke geschmökert wird.

Beispiel 4

Marlene Reidel: „Der Apfel"
(Sellier, 1969; zahlreiche Nachauflagen)

Die niederbayerische Malerin und Illustratorin Marlene Reidel schuf eine kleine Reihe querformatiger Leselernbilderbücher für bildungseifrige Eltern, die vom Windhauch der Frühlesebewegung mitgerissen wurden und ihre Drei-, Vierjährigen schon vor Schuleintritt als fertige Leser vor sich sehen. Daß daraus kaum mehr als ein buchstabenkundiger Schulanfänger wurde, mußte bald eingesehen werden. Der richtige Zeitpunkt des systematischen einzelheitlichen Leselernprozesses ist in der Regel das 6. Lebensjahr (nach Lotte *Schenk-Danzingers* Forschungen). Aus heutiger Sicht aber bieten die Reidel-Büchlein eine Möglichkeit ganzheitlichen Leseanfangs. Die als märchenhafte Bildgeschichte angelegte Szenenfolge zeigt – begleitet von großgedruckten Wörtern und Sätzen –, wie Peter zu dem schönen Apfel kommt, der für ihn unerreichbar hoch am Baum prangt. Katze und Hund, Esel und die Maus des Kasperls, Evi, die Tante, die Großeltern und der Wi-Wa-Wind machen's möglich … Alle 28 vorkommenden Wörter stehen auf der letzten Seite noch einmal zum Kopieren und Ausschneiden bereit. Mit diesen Wortkärtchen läßt sich „spielen", mit dem Leselernspiel „Lesepeter" wird das Kind mit den geschriebenen Wörtern vertraut gemacht.

Susanne Riha: „Der kleine Dachs"
(Annette Betz, 1990)

Beispiel 5

Man muß schon ein wenig suchen, um ein didaktisch gutes Buch zu finden: Dieses Bilderbuch, das einen Schritt weiter geht als Marlene Reidels „Apfel", bietet auf jeder linken der 29 quadratischen Seiten einen großgedruckten Satz zusammen mit einer zarten, vignettenhaften Zeichnung. Erzählt wird in „Einzelbildern" vom kleinen Dachs, der sich auf Nahrungssuche und Entdeckungsgang begibt. Auf jeder rechten Seite: ein liebevoll gemaltes Bild, das den Helden in jeweils anderer Umgebung, zuerst tags, dann nachts und dann am frühen Morgen, zeigt. In der Geschichte passiert nichts Aufregendes. Aber der sachkundliche Nebenlerneffekt ist dem kleinen Erstleser sicher. Er erfährt Grundlegendes über das Leben junger Dachse. Dabei wird ein Wortschatz gebraucht, der ihm inhaltlich bereits vertraut sein dürfte: Abend, Dachs, Brüder, Mutter, Weg – Wiese, Würmer – Feldrand, Hafer – Scheune, Bauer, Himbeeren – Obstgarten, naschen, Fallobst – Mülltonne, heute, leer – Morgengrauen, Familie, Heimweg – läuft voraus – riechen, überhaupt – ausschauen, fremd, Tier – verwirrt, sich irren, richtig, Bau – wohnen, Fuchs. Manche Wörter wiederholen sich. Die Sätze sind kurz, überschaubar, mit ausreichendem Zeilenabstand gesetzt. Es gibt keine Silbentrennung. Die verwendeten Satzzeichen sind klar. Die Illustrationen geben Stütz- und Merkhilfe. Kleine Leser haben hiermit raschen Leseerfolg.

Bilder sind am Leseanfang als Sinnfindungshilfe wichtig

Ein bereits bekannter Wortschatz erleichtert Kindern das Leseverständnis

Ute Andresen: „Mama findet alles"
(dtv junior, 1991)

Beispiel 6

Im Erstlesealter sind „realistische" Alltagsgeschichten gefragt. Die geplagte Mutter zweier aufgeweckter Kinder wird in „Mama findet alles" durchaus wirklichkeitsnah dargestellt. Die kurzen Episoden, im Zusammenhang oder für sich allein gelesen, schildern kein problemfreies, aber auch kein freudloses Familienmilieu. Was das Buch fürs erste Lesealter prädestiniert, sein schmaler Satzspiegel,

Realistische Geschichten dienen der Identifizierung mit der eigenen Alltagssituation seine deutlichen Abschnitte, viele Wortwiederholungen, ein sehr groß gedruckter Text, ein geläufiger Wortschatz, der Verzicht auf Konsonantenhäufungen und Silbentrennungen, und nicht zuletzt die lustig-hintergründigen Federzeichnungen von Susann *Opel-Götz*. Auch der Inhalt – mit augenzwinkerndem Humor erzählt – entspricht Kindern sehr.

Beispiel 7 *Das „Bücherbär-Leselernkonzept“*
Edition Bücherbär (früher: Benziger Edition) im Arena Verlag (seit 1992)

Schritt für Schritt ins Land der Lesenden voran-kommen

Vom Kindergarten- bis ins fortgeschrittene Lesealter hinein tasten sich die Kinder nach dem „Bücherbär-Konzept“ etappenweise voran. Erklärtes Prinzip: ohne Langeweile, ohne Textüberfrachtung schrittweise zum Stolz aufs erste selbstgelesene Buch.
Auf die anregende Wirkung solcher Konzepte auf die Texteigenproduktion (Freinet-Schuldruckerei) soll hier nachdrücklich hingewiesen sein. Auch darauf, daß „Buchstabenbär“, „ABC-Bär“ und „Der kleine Bücherbär“ umrahmt werden vom – ihnen vorange-

henden – „Bilderbuchbär" und dem „Schlaubär" und vom – ihnen folgenden – „Spiel- und Spaßbär", dem „Kinderbuchbär" und dem „Geschichtenbär". Des „Ge-Bärens" zuviel? Den Kindern machen Begleitfiguren – ob Maus oder Schwein, Dino oder Bär – sichtlich Vergnügen. Diese Tierfigurenliebe ist allerdings nur ein Durchgangsstadium.

Auch das (aus dem Biedermeier überkommene) erleichterte Lesen durch Bild-Wortersatz sollte nicht allzu lange betrieben werden. Kinderzeitschriften und Kinderseiten in Zeitungen bringen den „Lesespaß" zurecht als Bonbon, die berühmt gewordenen „RiRa-Rutsch"-Lesebilderbücher von Margret *Rettich* (seit 1986 bei Loewe in hohen Auflagen und inzwischen oft kopiert) ritten dieses Prinzip letztlich zu Tode.

Wenn Bildchen ganze Wörter ersetzen – Kinder mögen solche Spielereien

Beispiel 8

Hans Gärtner: „Leselöwen ABC-Geschichten"
(Bilder: Rolf Rettich; Loewe, 1983; 12. Aufl. 1994)

Die „sechsundzwanzig kleinen Männchen", die Buchstaben selbst also, sind Gegenstand dieser „ABC-Geschichten". Lustiges (eine ganze Geschichte, in der jedes Wort mit A, a beginnt) steht neben Wortverspieltem („Dummes Zeug!"). Der eine Text läßt genau auf den Buchstaben achten („Auf den Buchstaben kommt's an"), der andere läßt in einer Kindergeschichte mit einem türkischen Mädchen zum Spaß lauter „A-Wörter" suchen, bis hin zu solchen, in denen A, a dreimal vorkommt. Eine Geschichte, die beim Vorlesen veranschaulicht werden kann (Buchstaben groß auf Kartons malen, die umgewendet werden können) handelt vom vorwitzigen „d", das sich drehen und wenden, kippen und klappen läßt und sich so zum „b", „p" und „q" verwandelt, während sein Freund „o" so bleiben muß, wie er ist. Die Personifizierung als methodisches Prinzip des Elementarunterrichts ist hier auf der Buchstaben-Ebene versucht worden. Ausgehend von der Telefon-Alphabet-Notwendigkeit, führt ein letzter Text zur Erfindung einer eigenen „Buchstabiertafel". Philipp hat einige Nachmittage daran gearbeitet. Ob

Wenn die Buchstaben zu „Männchen" werden, macht's noch mehr Spaß

8.

die Kinder, denen er sein Dichterwerk zeigt, sein durchgehaltenes Prinzip (Vorname – Sache – Vorname – Sache …) erkennen?

A	wie Anna	E	wie Erna
B	wie Bach	F	wie Fleck
C	wie Carla	G	wie Gerda
D	wie Dach	H	wie Heck

usw.

Beispiel 9 *Schülerarbeit: „Super-Lesefutter-Heft"-Eintrag*

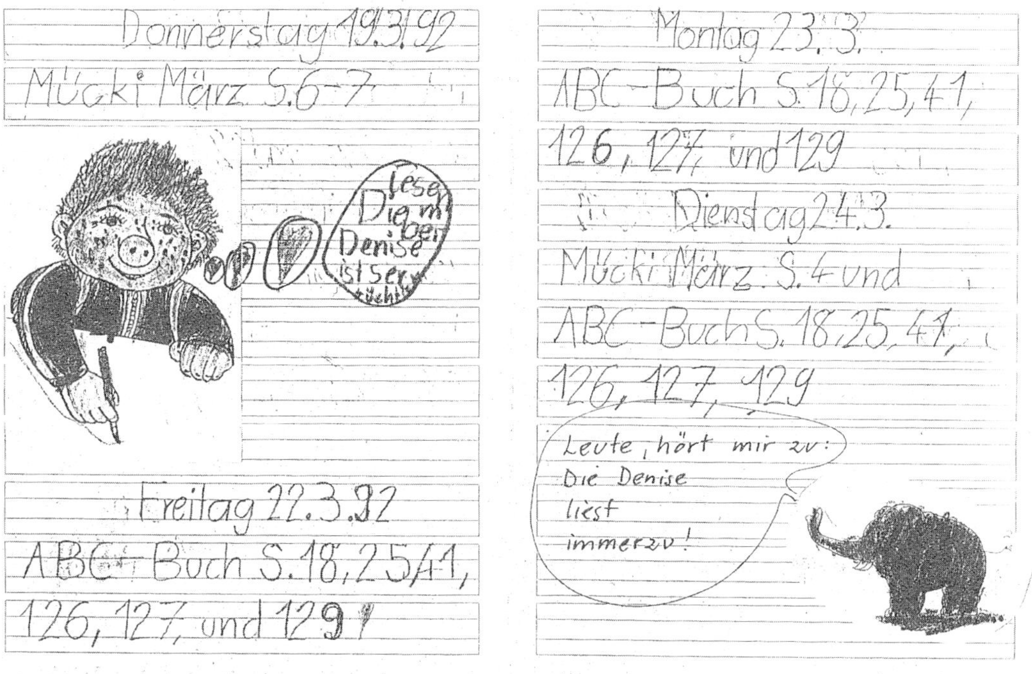

Die schon erwähnte Lehrerin Ilse *Keßler* ließ im 1. Schuljahr „Super-Lesefutter-Hefte" durch die Kinder anlegen und unter Datumsangabe eintragen, was sie wirklich zu Hause gelesen haben. Das März-Heft der Kinderzeitschrift „Mücki" nahm Denise sich donnerstags vor, freitags wechselte sie zu ihrem „ABC-Buch", und zwischendurch ließ sie das „Sams" (Kinderbuchfigur von Paul Maar) ein Lob für die eifrige Leserin aussprechen. Lesen und Schreiben, Rezipieren und Produzieren, beginnen für Leseanfänger zu einer kulturellen Alltagsbetätigung zu werden. Dabei wechseln Zeitschrift, Geschichtenbuch, Lesefutter-Heft zwanglos ab, ergänzen sich und werden aufeinander bezogen.

Was Kinder schon ganz am Anfang ihres Lese-Laufs lesen, zeigen Eintragungen ins „Super-Lesefutter-Heft"

Die spezielle Literatur für Erstleser ist von der Mitte der Siebzigerjahre bis Anfang der Neunzigerjahre an stetig angewachsen. Nicht jeder Kinderbuchverlag im deutschsprachigen Raum pflegt seine eigene Erstleser-Reihe, doch oftmals hat ein einziger Verlag gleich mehrere Reihen aufzuweisen. Das Geschäft mit der Not der Leseanfänger, die kurze Geschichten in großer Druckschrift mit weitem Zeilendurchschuß und einem möglichst einfachen Wortrepertoire bevorzugen, blühte besonders in Zeiten der allgemeinen Bildungseuphorie. Autorinnen und Autoren nehmen im Erstleser-Literaturbereich gern die Chance wahr, rasch mit einem kurzen Text auf den Markt zu kommen, der sie bekannt macht. Ähnliches gilt für Illustratorinnen und Illustratoren. Der Bildanteil der Erstleserbändchen, ob als flexibles Taschenbuch oder farbig glänzender Hardcovertitel, ist grundsätzlich höher als die Textmenge. Durch ihr entschieden kleineres Format (etwa DIN A5) unterscheiden sich Erstleserbändchen generell von den Bilderbüchern schon rein äußerlich. Erstlesertitel wollen den Übergang vom (großformatigen) Bilderbuch zum (kleinformatigen) Kinderbuch (Geschichtenbuch) erleben lassen.
Auch wenn es eine Anzahl von Erstleserbüchern in Form von „Einzelgängern", etwa im feinen Schweizer Verlag der Renate Nagel (Nagel & Kimche), gibt, so treten Erstleserbände doch meist in Reihen auf. Das sagt nun grundsätzlich nichts über die literarische,

Reihenweise Erstleser-Bände: ein üppiger Markt macht sich breit und buhlt um die Gunst der Erstleser

inhaltliche und/oder ästhetisch-künstlerische Qualität einzelner Reihentitel im Erstlesermetier aus. Dennoch zwingt der Reihencharakter zu Anpassungen und Angleichungen, so daß man sich hier mehr der Konfektionsware als einem individuell gestalteten Angebot nähert. Ohne auf Qualitätsunterschiede eingehen zu können (vgl. u. a. *Gärtner,* Hans: „Lesestart mit Bücherbergen", in: BuB, H. 1 u. 2/1991, S. 68-82 bzw. S. 182–196), wird hier auf die wichtigsten *Erstleser-Reihen* (Stand: Herbst 1996) – geordnet nach Verlagen – mit der Empfehlung ihrer kritischen Sichtung mit je einem aktuellen Beispiel hingewiesen. Kein Wunder, daß es da von Bären, Mäusen, Löwen, Elefanten, Raben und Würmern nur so wimmelt. Als Sympathieträger fungieren sie – für Käufer und Leserschaft gleichermaßen – werbewirksam und motivierend.

Verlag	Reihen-Bezeichnung	Beispiel-Titel (1996)
Arena	*Der Arena Lesestier*	Manfred Mai: „Martins größter Wunsch"
Carlsen	*Lesemaus*	Andreas Röckener: „Der Maulwurf-Mond"
dtv junior	*Lesebär*	Tilde Michels: „Die Kellermaus"
Edition Bücherbär	*Der Buchstabenbär*	Isolde Heyne: „Nele hat Geburtstag"
Edition Bücherbär	*Der ABC-Bär*	Gerda Wagener: „Mein Opa ist klasse!"

Verlag	Reihen-Bezeichnung	Beispiel-Titel (1996)
Edition Bücherbär	*Der kleine Bücherbär*	Anne Steinwart: „Ausgerechnet Weihnachten!“
Loewe	*RiRaRutsch*	Margret Rettich: „Zehn kleine Hundekinder“
Loewe	*Lirum Larum Lesemaus*	Werner Färber: „Geschichten vom Baggerführer Berti“
Loewe	*Leseleicht*	Ursel Scheffler: „Oskar, der kleine Schlampir“
Loewe	*Lesefant*	Elisabeth Zöller: „Gruß und Kuß Dein Julius“
Loewe	*Leselöwen*	Hans Gärtner: „Kinderwitze 1“
Nord-Süd	*Ich lese selber*	Hermann Krekeler: „Anders hat sich verlaufen“
Oetinger	*Laterne Laterne*	Paul Maar: „Der gelbe Pulli“
Oetinger	*Sonne, Mond und Sterne*	Christine Nöstlinger: „Hundegeschichten vom Franz“
Patmos	*Bücherwurm*	Doris Meißner-Johannknecht: „Schön, daß du bleibst, Kalle“
Ravensburger	*Der blaue Rabe*	Ingrid Uebe: „Der kleine Brüllbär“
Saatkorn	*Der Guckkasten*	o. Verf.: „Gefühle“
Schneider	*Die bunte Büchermaus*	Dimiter Inkiow: „Das Kaninchen und der Esel“

8.

Die 1996 feststellbaren 18 Erstleser-Reihen verteilen sich auf elf Verlage. Davon ist nur einer ein reiner Taschenbuchverlag. Der Spitzenreiter im Metier ist Loewe, Bindlach, mit fünf Reihen, die hinsichtlich der Lesegeschwindigkeit aufeinander aufbauen. Die Edition Bücherbär des Arena Verlags, Würzburg, bietet sowohl im Vorfeld als auch im Anschluß an ihre drei zentralen Erstleser-Reihen dem Schwierigkeitsgrad angemessene weitere Buchserien, darunter auch großformatige Vorlese- und Spielbücher für den Bereich 5 – 7/8 Jahre. Zu beobachten ist ferner, daß es deutschsprachige Kinderbuchverlage gibt, die Erstleser-Serien ohne Reihenbezeichnung produzieren (Breitschopf, Picus u.a.). Außerdem erfreut sich bei Kindern die „Reihe in der Reihe", etwa die „Hexe Lilli"-Bücher von *Knister* bei Arena, großer (Sammler-)Beliebtheit.

Zusammenfassung

Der Leseanfang

- fällt denjenigen Kindern leicht, die schon früh mit Büchern bekannt gemacht wurden, denen Lesen als Vorlesen, Bildgeschichten-Gucken und Erzählen zum Begriff wurde
- läßt Kinder stolz werden auf eigene Leistungen („Dekodieren" von Texten)
- wird durch das Hören von Kassetten und Sehen von verfilmten Kindergeschichten im Fernsehen begleitet
- sollte eher von kreativen, handlungsbetonten „Zugriffen" auf die Schrift (Eigenfibel) als von „fertigen" Verlagsfibeln leben
- ist mit dem Schreiben (Drucken) eng zu verbinden, so daß die Wechselseitigkeit von Kodierung und Dekodierung ebenso betont wird wie das authentisch-individuelle Lernen
- kommt um das Einprägen von Lautzeichen, Buchstabengruppen und Ganzwörtern in einem Leselehrgang nur schwer herum
- sollte zunächst der Spontaneität kindlicher Sprachäußerungen und Schreibversuche den Vorrang geben und rechtschriftliche Korrektheit aus dem Spiel lassen
- bedient sich bereits ganzer Kinderbücher (Erstleser-Bücher), die dem Leseneuling sowohl formal wie auch inhaltlich entgegenkommen
- wird von einem kritisch zu sichtenden (Über-)Angebot an Erstleser-Reihen begleitet
- ist nicht auf das 1. Schuljahr begrenzt, sondern kann bei manchen Kindern (Frühlesern) bereits vor Schulbeginn einsetzen, bei anderen noch ins 2. Schuljahr hineinragen

9. Für Wißbegierige: Sach(Bilder)Bücher

Es ist nicht leicht zu erklären, was denn ein Sachbuch, ein Kindersach(bilder)buch ist. Erzählungen zur Erstkommunion, Backanleitungen, Bücher über pflanzenfressende Dinosaurier, über Schiffsbau, Honig oder die Feuerwehr, über Feste im Mittelalter, die Kindheit Mozarts, Handarbeitsbücher, Verwandlungsbilderbücher mit Umklappeffekt – gehören diese Bücher alle zum Kindersach(bilder)buch? So leicht wie für den Erwachsenenliteratur-Bereich oder auch noch für die Jugendliteratur (Leser/innen von etwa 12 Jahren an) läßt sich die Frage für die ausgesprochene „Kinder"-Literatur (Leser/innen bis ca. 12 Jahre) nicht beantworten.

„Faction"-Literatur für Kinder – was ist das?

Die immer wieder versuchte Unterscheidung „Fiction" (Dichtung) – „Faction" (Sachliteratur) greift hier inhaltlich nicht. Die Meyer-Enzyklopädie definiert in ihrer Ausgabe von 1984:

> Ein Sachbuch ist „eine Publikation, die Fakten und Erkenntnisse auf wissenschaftlichem, kulturellem und kulturhistorischem Gebiet in meist populärer und allgemeinverständlicher Form für den interessierten Laien darbietet (im Gegensatz zu Belletristik und wissenschaftlichem Fachbuch). Zum Sachbuch werden oft auch Lexikon, Wörterbuch und ‚praktische Ratgeber' gerechnet (im Englischen zusammengefaßt als Nonfiction im Gegensatz zu Fiction)…"

Maria Montessori wußte schon: „Kinder sind anders"

Wird das Kind als sehr junger Leser ins Spiel gebracht, ergeben sich einige Aspekte, die den Begriff vom Sach(bilder)buch nicht unwesentlich mitbestimmen:

Das Kind ist anders disponiert
Stichworte dazu: egozentrisches Erleben – konkret-operationales Denken – eingeschränkte Möglichkeiten der Bild- und Textrezeption – unterschiedlich differenzierte Wahrnehmungsfähigkeit – herkunftsbedingte Sprachkapazität – variierende Interessensskala – emotional-affektive Grunddisposition …

Das Kind hat besondere Lernbedürfnisse
Es will anschaulich, handelnd lernen. Es verbindet Lernen gern mit Spaß und Vergnügen (und behält dann auch den Lernstoff leichter, wenn es richtig „motiviert" ist). Es will in der Regel gern mit anderen zusammen lernen. Es ist neugierig: alles Ungewöhnliche, Ferne, Geheimnisvolle … will es entdecken.

Das Kind hat gewisse sachliche Vorlieben
Lustige Situationen bevorzugt es. Tiere und Technik stehen schon früh im Zentrum des Interesses von Kindern. In Handlungsabläufen mögen Kinder Spannungsmomente. Sie lieben Bewegung, Lebendigkeit, Farbigkeit. Sie sind – im Gegensatz zum oft skeptisch-kritischen Erwachsenen – optimistisch eingestellt …

Das Kind hat auch gewisse Abneigungen
– zum Beispiel gegenüber Langeweile, Vollständigkeit, Systematik, penetranter Belehrung, pausenloser und trockener „Stoffhuberei", auch gegen Isolation und eine Dominanz des Rationalen.

Diese Überlegungen führen zu einem etwas modifizierten Verständnis von „Sach(bilder)buch" für Kinder (von 3 bis 12 Jahren):

Sach(bilder)bücher für Kinder führen zur Wissenschaft hin und wecken das kindliche Interesse an „den Sachen"

> Ein Kindersachbuch ist eine Publikation, die Fakten und Erkenntnisse aus verschiedenen Wissensgebieten in kindgerechten Formen (Illustration, Text- und Buchgestaltung) dem jungen Leser darbietet, um ihn damit in die Wissenschaften einzuführen und zur (Selbst-)Bildung zu motivieren. Sachbücher für Kinder setzen kindliches Interesse nicht unbedingt voraus, sondern regen es an.

Das hat nun Konsequenzen für die Sach(bilder)buch-Produzenten, also für Verlag (Herstellung, Layout, Textsatz), Autor/in und

Bildlieferant (Illustrator/in, Fotograf/in). Ein empfehlenswertes Sach(bilder)buch für Kinder soll mindestens die folgenden sechs Kriterien erfüllen:

Kriterien, die ein „brauchbares" Kinder-Sachbuch erfüllen sollte

- Es muß „lebendig" gestaltet sein.
- Es dosiert den Wissensstoff entsprechend („didaktische Reduktion").
- Es kommt ohne Systematik nicht aus, stellt sie aber zugunsten emotionaler Aspekte (Anmutung, Stimmung) in den Hintergrund.
- Es vermittelt Wissen und regt zu Fertigkeiten und Fähigkeiten an – und zwar auf grundsätzlich abwechslungsreiche, wenn nicht gar vergnügliche Weise.
- Es berücksichtigt die Gesetze kindlichen Lernens, besonders die der allmählich einsetzenden Selbstinformation.
- Es nützt kindgemäße, dabei sachlich vertretbare Mittel der Darstellung (z. B. lustige Begleitfiguren als Lernanimatoren, fiktive Dialoge und Rollenspiele, authentische Berichte in Form von Erzählungen, variationsreiche Illustration und Typographie: Bildreihen, Vignetten, Rätsel …).

Die P-Faustregel hilft bei der Beurteilung von Sach(bilder)-büchern

Als Faustregel fürs Kindersach(bilder)buch könnte folgende **P**-Wörterkette gelten:

Packend ist ein Kindersachbuch, wenn es

Persönliches,
Praktisches,
Portioniertes,
Plausibles,
Poetisches bringt.

Hierfür ein Beispiel, das für Fünfjährige gedacht ist, für ein Entwicklungsalter, das freilich noch auf die Vermittlung (Vorlesen, miteinander Anschauen, Fragen anregen und beantworten …) von Sachinformationen angewiesen ist:

Beispiel 1

Amanda Wallwork: „Keine Dodos"
(Esslinger, 1993)

Das **P**ersönliche an diesem „Zählbuch über bedrohte Tiere": Selbst wenn exotische Tiere (Wal, Tiger, Panda usw.) vorgestellt werden, hat das Kind einen persönlichen Hang zu den Lebewesen, die vom Aussterben bedroht sind.

Das **P**raktische: Neben der Vorstellung der bedrohten Tierarten läuft ein elementarer Zählkurs. Er beginnt bei 1 („ein Wal") und endet bei 0 („… aber keine Dodos" – deshalb keine, weil sie sich auf der Insel Mauritius vor langer Zeit so einfach jagen ließen, daß sie heute völlig ausgestorben sind).

Das **P**ortionierte: Nicht sämtliche bedrohte Tierarten werden dargeboten, sondern es wird eine sinnvolle, überschaubare Auswahl von elf Tierarten getroffen.

Das **P**lausible: Die Einsicht, die mit diesem Buch geweckt wird, ist leicht zu erreichen – von manchen Tierarten gibt es wohl noch einige mehr als von anderen; dennoch sind sie vom Aussterben bedroht (was die Kurztexte auf den beiden letzten Seiten beschreiben).

Das **P**oetische: Hier ist die „poetische", ästhetisch-künstlerische Gestaltung der ansprechenden, dennoch sachlich bleibenden Tiergestalten (Reiß- und Collagetechnik) zu nennen. Kinder, die das Buch betrachteten, sagten, sie hörten Klänge, Stimmen wie im Urwald, den Gesang der Wale … – sie assoziierten also die Poesie gewissermaßen.

9.

Jeder Kindersachbuch-Typus befriedigt andere Lesebedürfnisse

Acht Typen moderner Sach(bilder)bücher für Kinder

Kinder-Sachbuch-Typ	Lesebedürfnis	Beispiel
1) *Naturbuch*	Kenntnisgewinnung Information	Ritter / Weidner: „Die Berg-Uhr" (Ellermann, 1994)
2) *Umweltbuch*	Erkenntnis, Problemerhellung	Auer / Sormann: „Was die alte Maiasaura erzählt" (St. Gabriel, 1996)
3) *Beschäftigungsbuch*	Aktivierung, „Zeitvertreib"	Gärtner / Kellner: „Jumbo rätselt kreuz und quer" (dtv junior, 1994)
4) *Nachschlagewerk*	Orientierung, Information	Bichler / König: „Das Kinderbuch der Heiligen und Namenspatrone" (Echter, 1995)
5) *Ratgeber*	Information, „Aufklärung"	Cole: „Mami hat ein Ei gelegt" (Sauerländer, 1993)
6) *Religiöses Buch*	Sinnfindung, Glaubenshilfe	Hoffman / Ray: „Erde, Feuer, Wasser, Luft" (Gerstenberg, 1995)
7) *Biographie*	Ichfindung, Identifizierung	Möller: „Ein Schmetterling aus Surinam" (Beltz & Gelberg, 1995)
8) *Einblick-Buch*	Zusammenhänge erkennen, klären	Rice / Rice: „Wie es damals war" (Edition Anker, 1996)

Die einzelnen, auf Seite 154 voneinander getrennt aufgeführten Sach(bilder)buch-Typen lassen sich nicht immer auseinanderhalten. Entscheidend sind die thematischen Akzente neben den Leseabsichten und -bedürfnissen. Außerdem soll dieser Überblick, dessen Beispiel-Titel im folgenden näher vorgestellt werden, auf die gerade in den letzten zwei bis drei Jahrzehnten (seit Beginn der Siebzigerjahre) stattgefundene Ausweitung des Kinder(!)-Sachbuch-Genres hinweisen. Im Jugendbuchbereich war die Vielfalt der Typen von Sachbüchern immer schon vorhanden.

Beispiel 2
Naturbuch

Hermann Weidner / Jürgen Ritter:
Die Berg-Uhr. Das Jahr der Berge mit ihren Tieren und Pflanzen (Ellermann, 1994 – ab 9 Jahren)

Wer in den Bergen wandert, so meint der Autor Hermann Weidner, wird dort „immer wieder neue Schätze entdecken". Zu einer Art Schatzsuche also lädt dieses Buch zuallererst ein. Die Kinder, die mit diesem anschaulich illustrierten Sachbuch umgehen, sollen damit auf Entdeckungsreise gehen. Neben diesem Informationsaspekt kommt dem Buch aber – so Hermann Weidner – eine zweite Aufgabe zu: „Mit der Technik haben wir Menschen die Bergwelt erobert. Anders als die dort lebenden Tiere und Pflanzen brauchen wir sie nicht als Lebensraum, sondern benützen sie für unsere Freizeit. Oft nur zu unserem Spaß – und um daran zu verdienen – wird die Bergwelt umgestaltet. Was in Millionen von Jahren entstanden ist, wird dabei gedankenlos zerstört. Doch viele Folgen für das Gleichgewicht der Natur sind vorher nicht zu erkennen. Schwerwiegende Schäden lassen sich daher nur vermeiden, wenn wir den Schutz der Natur im kleinen, in jedem einzelnen Gebiet beachten." Daß die Bergwelt auch schon von jungen Menschen geschützt wird – das ist das eigentliche Anliegen dieses Buches.

Beispiel 3
Umweltbuch

Martin Auer / Christine Sormann:
Was die alte Maiasaura erzählt. Ein Bilderbuch über die Evolution
(St. Gabriel, 1996 – ab 9 Jahren)

Von dem Wiener Autor Martin Auer dürfen sich Kinder, die ihm bei Vorlese-Veranstaltungen zuhören, gelegentlich eine Geschichte wünschen. „Diese hier", so schreibt Auer im Nachwort, „hat sich René Zrim aus Gleisdorf in der Steiermark gewünscht."
Was „Evolution" bedeutet, erklärt der Autor so: Das Wort meint „Entwicklung, und man versteht darunter diesen wunderbaren Vorgang, wie aus einer Pflanzen- oder Tierart neue, unterschiedliche Arten entstehen, und aus diesen neuen Arten wieder neue Arten usw. Jedes Lebewesen hat Nachkommen, die ihm ähnlich sind, aber nicht ganz gleich. Von denen haben wieder diejenigen, die am besten in ihre Umwelt passen, die meisten Nachkommen, so daß die Lebewesen immer besser an ihre Umwelt angepaßt sind. Aber jedes Lebewesen ist ein Teil der Umwelt für die anderen Lebewesen. So verändern die Lebewesen auf der Erde einander ständig, und das Leben ist immer im Wandel begriffen. In der Geschichte ist es eine Maiasaura, die von der Entwicklung des Lebens auf der Erde erzählt. Soviel ich weiß, ist das die einzige Saurierart, die von den Forschern einen weiblichen Namen bekommen hat …"
Und daß dies nicht ein Scherz des Dichters Martin Auer ist, weist dieser dann auch noch mit Stringenz nach. Die Kinder werden seiner „Entwicklungsgeschichte der Menschheit" um so lieber folgen, als diese von künstlerisch hochwertigen Farbillustrationen begleitet ist.

Beispiel 4
Beschäftigungsbuch

Hans Gärtner / Ingrid Kellner:
Jumbo rätselt kreuz und quer. Ein Kreuzworträtsel-Lern-und-Spaß-Buch
(dtv junior, 1994 – ab 8 Jahren)

Elefant Jumbo hat das Kreuzworträselfieber gepackt. Er ist drauf und dran, Schritt für Schritt hinter die Tücken der Kreuzworträtselei zu kommen. Mit seinem eigenen Namen, JUMBO, beginnt der Kästchenspaß. Kreuz und quer schreibt Jumbo Wörter in die Quadrate und staunt, was ein Kreuzworträtselfan alles beachten muß, um den Spaß am Kästchenfüllen nicht zu verlieren. Jumbo steigert sich von Seite zu Seite. Bald kapiert er, was es mit Leerkästchen, Balken, den Bezeichnungen „waagrecht" und „senkrecht", mit Ziffern und Pfeilen, Worterklärungen und Abkürzungen auf sich hat. Gegen Schluß wird aus dem Anfänger im Kreuzworträtsellösen ein Bewunderer der Vielfalt dieser Rätselart. Jumbo lernt Kammrätsel, Buchstabenteppiche, Leiterrätsel, Rätseluhren, Rätselsternchen, Rätselpyramiden, Silbenhüpfer und Magische Quadrate kennen und macht dazu seine witzig-hintergründigen Bemerkungen. Für den Lösungsteil lautet eine: „Jetzt ist aber Schluß, ich löse mich auf!" Doch vorher kann Jumbo noch eine Menge Geschichten rund ums Kreuz mit den Wörtern lesen: wie das Kreuzworträtsel erfunden wurde, wie zwei Kinder auf Kreuzwortrater-Jagd gehen, wie Kreuzworträtsel eigentlich gemacht werden und welch witzige Geschichten sich rund um die auch bei Kindern höchst beliebte Rätselform gebildet haben.

Beispiel 5
Nachschlagewerk

Albert Bichler / Paul König:
Das Kinderbuch der Heiligen und Namenspatrone
(Echter, 1995 – ab 8 Jahren)

Kinder in christlichen Elternhäusern und Schulen kommen tagtäglich mit Heiligennamen in Berührung. Sie selbst tragen womöglich einen, und immer wieder ist von Festtagen im Jahreskreis die Rede – von Sankt Martin über Die Heiligen Drei Könige bis weit ins Kirchen- und Kalenderjahr hinein. Was bedeuten diese Heiligennamen? Wer steckt dahinter? Ist alles nur Legende, was sich an Erzählgut um den großen Kinderheiligen Nikolaus, um Gertraud mit den Mäusen oder Johannes den Täufer rankt? Viele Berufsgruppen haben Heilige als Schutzpatrone, an Leonhardi und Georgi gibt es Umritte, und in den zahllosen Kirchen – europa-, nein weltweit – stehen Figuren oder hängen Bilder der tapferen und frommen Frauen und Männer, die ihren Glauben bekannten, ihr Leben dafür einsetzten oder es sogar opferten. – Der Münchner Schulrektor Albert Bichler, im Nebenberuf Volkskundler und Sachbuchautor, legte mit seiner geschickt getroffenen Auswahl an Heiligengestalten, ihren Geschichten und Lebensdaten, ein Hausbuch besonderer Art vor: nicht nur für Erziehende und Lehrende, sondern für alle, die ihren Namenspatron näher kennenlernen wollen.

Beispiel 6
Ratgeber

Babette Cole:
Mami hat ein Ei gelegt
Aus dem Engl.: Rolf Inhauser
(Sauerländer, 1993 – ab 6 Jahren)

Woher die Babys kommen, weiß – wenn es nach Babette Cole geht – jedes Kind. Denn die witzig-spritzige englische Malerin und Kinderbuchautorin traut den Kindern in diesem Bilderbuch viel mehr zu als den Erwachsenen. Diese nämlich möchten ihren Steppkes weismachen, daß Kinder unter Steinen gefunden werden oder in Blumentöpfen wachsen, aus Babypastatuben gedrückt oder wie Lebkuchen gebacken werden können.
Die beiden superschlauen Geschwister erklären nun nonchalant ihrerseits ihren Eltern, was es mit der Nachkommenschaft eigentlich auf sich hat: Kinder entspringen einzig und allein – aber das weiß ja wirklich jedes Kind! Anhand der pfiffigen Anschauungslektionen des Geschwisterpärchens im Bilderbuch lernen Kinder – und Erwachsene dazu. Die einen erfahren, wie ein Baby entsteht, die anderen, wie sie sich ihren Kindern in Sachen Sexualaufklärung nicht verhalten sollten. Ein unglaublich witziges Anschau-Vergnügen.

Beispiel 7
Religiöses Buch

Mary Hoffman / Jane Ray:
Erde, Feuer, Wasser, Luft
Aus dem Engl.: Gisela Schulte
(Gerstenberg, 1995 – ab 10 Jahren)

Eines von den Büchern, die jeder Benützer mit Ehrfurcht in die Hand nimmt und so schnell nicht weglegen wird, ist das von Jane Ray phantastisch ausgestattete Vier-Elementen-Buch mit den poetischen Texten von Mary Hoffman. Der lebensbedingende und lebensbedrohende Charakter von Erde, Feuer, Wasser und Luft wird darin abgehandelt und vertieft. Märchen, Mythen und Erzählungen der Völker mischen sich zu einem prachtvollen Bilder-Panorama, vor dem auch junge Leserinnen und Leser staunend stehen. Das meditative, sammelnde und zentrierende Moment, das von einem Buch ausgehen kann, wird hier deutlich erlebbar. „Zu allen Zeiten haben Menschen versucht, sich der vier Elemente zu bemächtigen. Doch immer wieder mußten sie ihre eigene Ohnmacht erkennen, wenn durch Erdbeben, Vulkanausbrüche, Überschwemmungen und Wirbelstürme die vier Elemente ihre wahre Macht offenbarten", sagt Mary Hoffman. Insofern ist ihr Buch ökologische Mahnung und hat aktuelle Bedeutung.

Beispiel 8
Biographie

Ingrid Möller:
Ein Schmetterling aus Surinam. Die Kindheit der
Maria Sibylla Merian
(Beltz & Gelberg, 1995 – ab 10 Jahren)

Als Vierjährige beobachtet Maria Sibylla, Töchterchen des Mitte des 17. Jahrhundert in Frankfurt berühmten Kupferstechers Matthäus Merian, „der Raupen wundersame Verwandlung" zu „Sommervögelein". Das hochbegabte Künstlerkind, gefördert von seinem Stiefvater Jakob Marell, wird später eine ernsthafte Naturforscherin, Insektensammlerin und liebevolle Zeichnerin der „kleinen Dinge". Dieser phänomenalen Frau hat eine promovierte Kunstwissenschaftlerin ihr erstes Kinderbuch gewidmet, das prompt den Peter-Härtling-Preis 1995 der Stadt Weinheim gewann. Der Text ist herausragend erzählt. Die Jury wies in ihrer Begründung darauf hin, daß er von „der Entwicklung eines Mädchens nach dem Dreißigjährigen Krieg" handelt, „das gegen die Vorstellungen seiner Zeit seine Träume und Wünsche verwirklicht". Wie schade, daß dieser schon für Zehnjährige verständlichen Künstlerbiographie jegliche Kostprobe der Mal- und Zeichenkunst ihrer Hauptfigur fehlt! So müßte der Buchlektüre ein Museumsbesuch folgen, zumindest drängt es den Leser nach der „bildhaften" Erweiterung seiner Leseerfahrung.

Beispiel 9
Einblick-Buch

Chris und Melanie Rice / Sergio:
Wie es damals war. Faszinierende Welt der Kinder
(Edition Anker, 1996 – ab 9 Jahren)

Niemand kann sich so richtig vorstellen, wie Kinder früher gelebt haben. 16 Kinder erzählen in diesem ausgezeichnet illustrierten, riesigen Bildersachbuch davon, wie sie – Angehörige der Vergangenheit – ihr Leben verbrachten, ob Hori, der Schreiber im alten Ägypten oder Jack, der Sohn eines Drogisten aus dem Amerika des Jahres 1920. Leserinnen und Leser erhalten Einblick in Sport und Spiel der Römer, der Eskimos oder der Inder. Sie erfahren, woraus aztekische Kleider bestanden, wie Griechenjungen belehrt wurden oder wie die Dakota-Mädchen Büffelleder verzierten. Ein Vergleich mit heute drängt sich bei allem, was Chris und Melanie Rice, in London lebende Historiker und Pädagogen, ihren eigenen beiden Kindern erzählt und für sie aufgezeichnet haben, auf. Dabei sind die Dinge, die gezeigt werden, für die Betrachtenden zum Greifen nahe, und die Menschen, die sich dazwischen tummeln, sind so lebendig, als wären sie hier und heute unter uns, kurz vor der zweiten Jahrtausendwende.

Kindersach(bilder)bücher stehen bei den jungen Leser/innen hoch im Kurs. Die Bibliotheken können das bestätigen: Sachbücher leihen die Kinder gern aus. Großeltern und Eltern kaufen den

Sprößlingen gerne Sachbücher. Sie versprechen sich davon, daß die Kinder „klüger" werden als nur durch den Schulunterricht, anderen Kindern im Wissen voraus sind, sich für ihre Umwelt interessieren und Fragen beantwortet bekommen, die Eltern und Großeltern nicht beantworten können. Die Verlage wissen von dieser Elternnot und der Kinderneugier und produzieren daher seit vielen Jahren immer wieder neue Sachbücher.
Hauptmerkmal der Sach(bilder)buch-Produktion ist die Reihe. Wieviele Kindersachbuch-Reihen es gibt? Es wäre müßig, sie zu zählen; denn immer wieder kommen neue hinzu, und alte werden eingestellt. Die wohl bekannteste deutsche Kindersachbuchreihe ist bei Tessloff erschienen und wird ständig erneuert und erweitert. Ihr Titel ist sehr einprägsam und wird von den Kindern außerordentlich geschätzt: „Was ist was". 1995 erschien bereits der 100. Band.

Elternnot (Antworten auf Kinderfragen zu geben) und Kinderneugier fördern den Markt; sein Hauptmerkmal: die Reihe

Wozu eignen sich Kindersachbücher? Sind sie nur großzügig bebilderte Wissens-„Magazine" in Buchform, die zum Anblättern und Pickup-Lesen reizen? Sowohl im Kindergarten als auch in der Schule – auch in den weiterführenden Schulen – werden Kindersachbücher vielfach verwendet:

Sach(bilder)-bücher sind nicht nur zum Anschauen und zum Schmökern da …

- *Als Einstieg in ein Sachthema:*
Kindersachbücher werden ausgestellt, Bilder daraus gezeigt, Texte daraus vorgelesen, Probleme herausgegriffen; Kindersachbücher verschiedener Machart werden zum gleichen Thema aufgelegt, vorgezeigt oder an einzelne Schüler oder Gruppen ausgegeben.

- *Als Erarbeitungshilfe:*
Teilziele des Lernvorhabens werden durch Ausschnitte aus einem Kindersachbuch lesend – Textvervielfältigung! –, aber auch betrachtend in Einzel- oder Gruppenarbeit erreicht; anhand von Ratgebern oder Beschäftigungsbüchern wird handelnd gelernt, z. B. kochen, experimentieren, untersuchen.

- *Zur Motivation der Schüler:*
Kindersachbücher bringen die Schüler auf den Geschmack an chemischen Versuchen, Gartenarbeit, Sprachbasteleien, Geschichte,

Pflanzenbeobachtungen, Haustierhaltung – vor allem als „Nebenher-Lernquelle“ und für sinnvolle Freizeitgestaltung.

- *Als Nachschlage- und Informationsquelle:*
  Klassen- bzw. Arbeitsbücherei und „Leseecke“ sind mit Kinderlexikon, Reihen, Wörterbüchern etc. ausgestattet, so daß alle Kinder bei Bedarf Zugang haben; auch Ausleihmöglichkeiten für zu Hause, übers Wochenende geben – besonders wichtig für Kinder, deren Familien sich aus Kostengründen nur wenige Bücher leisten können.

- *Zur Anbahnung kritischen Lesens:*
  Sachfehler, Ungenauigkeiten, Fehl- oder Halbinformation, durch Aktualität überholte Fakten und Daten in Kindersachbüchern führen zu der Erkenntnis beim Grundschulkind: Bücher und deren Texte (Bilder) sind nicht für alle Ewigkeit von Gültigkeit, unterliegen auch der Veränderung, sind revisionsbedürftig, verlangen den kritischen Leser und Betrachter.

- *Als mediale Ergänzung:*
  Was in Film oder Fernsehsendung rasch vorüberzog, was in der Schulfunksendung nur auditiv wahrnehmbar war, das kann in einem Kindersachbuch in aller Ruhe, nach selbst bestimmbarem Tempo, mit anderen Worten usw. nachgelesen werden. Kindersachbücher klären oft erst – nach wiederholtem Lesen, Anschauen, Vergleichen – einen Sachverhalt völlig auf, oder sie geben Anlaß, sich anderen Informationsquellen zuzuwenden.

- *Als Lehrerinformation:*
  In Kindersachbüchern ist der Wissensstoff meistens so elementarisiert und exemplarisch aufbereitet, daß auch Erwachsene Freude am Lesen von Kindersachbüchern haben. Der Lehrer, der sich in

ein Thema neu einarbeiten muß, wird manchmal froh sein über eine verläßliche, didaktisch gut aufgemachte Informationsquelle wie das Kindersachbuch. Den Kindern sollte er aber immer die Quellen nennen, zeigen, auf besonders wichtige/schwierige/gelungene Stellen aufmerksam machen …

Hier eine Auswahl von Kindersachbüchern, die sich – unter verschiedenen Aspekten – zur Auseinandersetzung mit der Welt der Bücher heranziehen lassen:

Beispiel 10
Einstieg

Als Einstieg (z. B. für eine Autorenlesung an der Schule, zur Neu-Eröffnung einer Bücherei oder überhaupt in das Sachthema „Schreiben und Büchermachen – gestern und heute") eignet sich das Buch

Dimiter Inkiow / Rolf Rettich: „Das Buch erobert die Welt". Vom Schreiben und vom Büchermachen (Orell Füssli, 1990).

Beispiel 11
Erarbeitungshilfe

Als Erarbeitungshilfe (Sachthema: „Ein Buch entsteht") kann das Buch aus der Reihe „Die Welt entdecken" dienen, das den Titel trägt

Claude Lapointe: „Die Welt der Büchermacher".
Deutsche Fassung: Reiner Laich (Otto Maier Ravensburg, 1991).

Beispiel 12
Motivation

Als Motivation für das Selbstverfassen von Büchern, zum Beispiel anläßlich von Ausflügen, Museumsbesuchen, Schullandheimaufenthalten, fungiert das Buch von

Catherine Louis: „Mein Flugzeug-Tagebuch" (pro juventute, 1992).

Beispiel 13
Nachschlage- und Informationsquelle

Als Nachschlage- und Informationsquelle, die immer wieder – je nach Bedarf – „angezapft" werden kann, hat sich in vielen Schulklassen (ab 3. Schuljahr) als sehr ergiebig erwiesen:

Kurt Franz / Frantz Wittkamp: „Lesen macht stark". Alles über Bücher. Vom Autor bis zum Leser (dtv junior, (überarb. Auflage 1995).

Beispiel 14
Kritisches Lesen

Zur Anbahnung kritischen Lesens dient vielleicht ein ungewöhnliches, aber wichtiges „Kinder"-Buch, zusammengestellt aus Briefen von Kindern zum Golfkrieg. Über Krieg überhaupt nachzudenken, dazu kann das Buch enorm viel beitragen. Aber auch dazu, die Aktualität von Sachbüchern zu überprüfen: Der Golfkrieg gehört der Vergangenheit an, doch Krisenherde für Kriege bestimmen unseren Alltag immer aufs neue.

„Ich kann nicht beschreiben, wie die Angst ist". Kinderbriefe für den Frieden (Falken, 1991).

Beispiel 15
Zur Ergänzung

Zur Ergänzung (zum Beispiel zu einem Film über blinde Kinder, ein Erlebnis mit Blinden, einer Unterrichtsfahrt zur Blindenschule) empfiehlt sich die schön erzählte Biographie

Margaret Davidson / André Dahan: „Louis Braille". Der Junge, der die Blindenschrift erfand.
Deutsch von Angelika Feilhauer (An der Este, 1994).

Beispiel 16
Lehrerinformation

Als Lehrerinformation kann – wenn das Thema „Buchdruck" ansteht – der folgende Titel dienen, und zwar sowohl durch den den genauen, detailreichen Text als auch mit seinen zahlreichen, größtenteils mehrfarbigen Bildern. Allein schon die Sammlung der Illustrationen zum Thema „Erfindung des Buchdrucks" ist die Anschaffung des Buches wert.

Michael Pollard: „Johannes Gutenberg".
Aus dem Engl.: Hannah Madrigal (Bitter, 1993).

Zusammenfassung

Sach(bilder)bücher für Kinder

- unterscheiden sich von Sachbüchern für erwachsene Leser durch das Kriterium der „Kindgemäßheit"; es schließt sowohl lernpsychologische als auch pädagogische Aspekte ein
- wollen zur Wissenschaft hinführen und Interesse wecken; dadurch können sie einen wichtigen Beitrag zur grundlegenden Bildung leisten
- müssen bestimmte Kriterien hinsichtlich ihrer Gestaltung und Wirkung erfüllen, die bei Sachbüchern für Fachleute nicht wichtig sind
- sollen persönlich ansprechend, praktisch, proportioniert, plausibel und poetisch-ästhetisch sein
- stellen sich dem Laien als ein typologisch vielfältiges Genre dar, das sich gerade im letzten Vierteljahrhundert stark differenzierte
- sind in Natur-, Umwelt-, Beschäftigungs-, Ratgeber-, religiöse, biographische und Einblick-Bücher einzuteilen
- helfen Eltern, die Fragen ihrer Kinder zu beantworten und befriedigen die kindliche Neugier
- tauchen vornehmlich in Reihen auf, die von den Kindern wie eine ergänzbare Enzyklopädie gesammelt werden können
- erfüllen in didaktischer Hinsicht mehrere Zwecke: als Einstiegs- und Erarbeitungshilfe, als Motivationsgrundlage, als Nachschlage- und Informationsquelle, als Anbahnungsmöglichkeit des kritischen Lesens, als erfreuliche mediale Ergänzung und als Basisinformation für Lehrkräfte

10. Bücher sind nicht nur zum Lesen

Anregungen zum kreativen Umsetzen

Was mit Büchern – Kinderbüchern – alles geht? Fast alles. Scherzhaft, ja respektlos gesagt, lassen Bücher sich

– verbiegen
– als Sitzunterlage benutzen
– ausschlachten
– in den Reißwolf stecken
– von Mäusen zernagen
– aufspießen
– andern auf den Kopf hauen
– zerbröselt ins Essen streuen
– als Blattpresse hernehmen
– an die Luft setzen
– hochwerfen, auffangen
– verbrennen
– mit Schlössern versehen
– aussägen
– ins Meer versenken
– auf dem Kopf balancieren
– stehlen
– haushoch stapeln …

10.

Weniger unernst gesprochen: Bücher lassen sich

- aufstellen
- zerlesen
- einbinden
- abstauben
- kürzen
- in den Rucksack stecken
- neu schreiben
- zuklappen
- mit Anmerkungen versehen
- sammeln
- abwaschen
- zum Durchkriechen benutzen
- umdrehen
- aus dem Regal nehmen
- durchblättern
- neu auflegen
- küssen
- verschenken
- querlesen
- vergleichen (mit anderen)
- bekleben (mit Stickers)
- vorlesen
- in Ausstellungen schleppen
- zum Üben gebrauchen
- als Gedächtnisstütze verwenden
- verpacken
- von Hunden apportieren

Bücher lassen so vieles mit sich geschehen – die Liste des Möglichen und Unmöglichen ist fortsetzbar

Fortsetzungen können folgen. Sowohl für die Gebrauchs- als auch für (gewiß nicht angeratene) Mißbrauchs-Listen. Genug gescherzt? Dann soll es, in ernster Absicht, weitergehen mit einem Spiel. Jedem der folgenden Kinderbuchtitel (von 1 bis 10) ist zuzuordnen, was mit seiner Hilfe von seiten des Lesers geschehen kann. Das Einfache an dem Spiel: Die Buchtitel selbst verraten's. Jeder der zehn Titel kann – bei der Masse an Kinderbüchern, die jährlich erscheint (es sind rund 4000!), kein Wunder – immer wieder durch einen neuen ersetzt werden.

10.

(Lösung: 1 D, 2 H, 3 G, 4 A, 5 F, 6 B, 7 E, 8 C, 9 K, 10 I)

	Die Buchtitel:	*Was du außer Lesen noch mit dem Buch tun kannst:*	
1	Marion Söffker: Meine kleine Gartenküche im Frühling (Gerstenberg, 1996)	schreiben	A
2	Dimiter Inkiow / Lucia Obi: Das ABC-Zauberbuch (Schneider, 1994)	singen	B
3	Detlev Block / Hilde Heyduck-Huth: Gut, daß du da bist. Gebete für Kinder (Edition Anker, 1995, 7. Aufl.)	planen	C
4	Robert Erker: Mein Aufschreibe-Buch (Ravensburger, 1994)	kochen	D
5	Philippe Legendre: Zeichenspaß: Tiere der Welt (Fleurus 1995)	spielen	E
6	Karl Michael Komma / Marlene Reidel: Nun wollen wir singen (St. Gabriel, 1994)	zeichnen	F
7	Edmund Jacoby / Rotraut Susanne Berner: Himmel, Hölle, Blindekuh (Hanser, 1993)	beten	G
8	Käthi Bhend: Geburtstage & mehr (Nagel & Kimche, 1995)	zaubern	H
9	Heidi-Maria Wagner / Rainer Schubert: Eins, Zwei, Drei – Die Wommies lernen zählen (Altberliner, 1994)	raten	I
10	Hans Gärtner / Monika Laimgruber: Sagt mir, Kinder, ob ihr's wißt (Betz, 1996)	zählen	K

Dieses Kombinationsspiel zeigt: Schon der Buchtitel verrät, was ein Kinderbuch an Aktivitäten enthält.

Viele kulturell wichtige Tätigkeiten lassen sich überhaupt nur mit Büchern ausführen. Das Lernen beispielsweise. Es umfaßt viele verschiedene Einzelaktivitäten: lesen, Tabellen auswerten, Gedanken entwickeln, Bilder Texten zuordnen und umgekehrt, Begriffe klären, Übersichten erhalten ... Bücher speichern Daten. Sie machen sie Lesern verfügbar (und zwar jederzeit und nahezu überall). Sie liefern Nachrichten und poetische Texte, Bilder. Sie bringen also Faktisches und Fiktives zur „Anschauung" und „Betrachtung", erklären, erläutern, strukturieren (ordnen), stellen Aufgaben (implizit oder explizit), bieten Lösungen, bilden Meinungen, führen zu Urteilen, dienen dem Nachschlage-Bedürfnis der Lernenden. Der visuelle Lerntyp ist mit Büchern besser bedient als mit Hörkassetten (und visuell Lernende sind die meisten Menschen). Wer wegfährt und im Zugabteil lernen will oder muß, pfeift auf seinen Computer daheim. Und erst recht der schmökernde Leser, der mit Büchern – ohne daß er dabei real verreisen muß – in andere Gefilde enteilen will, der Krimis mag oder Abenteuer, der Märchen liest oder sich von Science-Fiction-Romanen in eine Anderswelt entführen läßt – dieser intensivste aller Buchbenutzer kann sich am allerwenigsten vorstellen, daß – wie manche Unkenrufe der letzten Jahre verlauten ließen – Bücher eines Tages ganz und gar verschwinden sollen. Bücher bleiben. Und Bücher bleiben Bücher. Sie behalten ihren Stellenwert, auch wenn sogenannte neue Medien (manche Experten halten diesen Begriff für großschreibenswert: Neue Medien) den Büchern Konkurrenz machen wollen: Videofilme und Gameboyspiele, PC-Programme und CD-ROMane. Der Dichter Günter *Kunert* hat in seinem Gedicht mit dem Titel „Bücherlesen" lustig auf den Nutzen von Büchern verwiesen:

Bücher behalten ihren Wert – trotz aller Unkenrufe der Neuen-Medien-Anwälte

„... Bücher lesen, liebe Leute,
nicht erst morgen, sondern heute!
Heute gilt's den Kopf zu füllen,
daß nicht laut vor Lachen brüllen
alle Affen hier im Zoo
über euren Kopf voll Stroh ..."

10.

Nicht nur Wissen, sondern auch „phantastisch anderes" Potential enthalten Kinderbücher

Kurzsichtig wäre es allerdings gedacht, wenn man den Sinn der Bücher – insbesondere der Kinderbücher – nur darin sehen würde, das Stroh im Kopf zu ersetzen, „Wissen rein"-zustopfen in die „Holz- und Wasserköpfe", wie Kunert despektierlich und ironisierend empfiehlt. Denn nicht allein dafür sind Bücher da, sondern: Der Nutzen der (Kinder)Bücher liegt in erster Linie in ihrem Anregungspotential für ein sinnerfülltes, nach allen Dimensionen offenes und damit glückliches Leben. Jeder Mensch, der zum Leser geworden ist, wird einmal erfahren, was in dem Vers eines unbekannten Autors an Weisheit enthalten ist:

Zwei Bücher

Das eine versprach:
„Ich mache dich klug,
in mir stehen Weisheiten
mehr als genug."
Das andere meinte:
„Ich mache dir Spaß."
Da las ich das Buch und las und las –
und las dann im klugen Buch weiter,
doch das lustige war viel gescheiter.

Was Pädagogen in Kindergarten und Grundschule mit Kinderbüchern alles „anfangen" können, wird in einigen Fachbüchern mit Praxis-Einschlag beispielhaft belegt. (Vgl. dazu das Literaturverzeichnis im Anhang, auch wenn der eine oder andere Titel dort gewiß über das Anliegen dieses Buches – die Kinderliteratur für die Drei- bis Achtjährigen – hinausschießt.)

Viele Anregungen zum kreativen Umsetzen von Büchern

Besonders ergiebig ist es, das von Beate *Hoyer* reizvoll illustrierte, geradezu schmackhaft zubereitete und daher appetitanregende, großformatige „Handbuch zur Leseförderung" zweier Bibliothekarinnen aus Neumünster, Angelika *Rust* und Gabriele *Schommer* auszuwerten. Dieses Werk dokumentiert die intensive Kinderbucharbeit zweier begeisterter Bücherfrauen. Sechs Jahre lang haben sie Kindergruppen und Schulklassen nicht nur zum Lesen animiert, sondern sie spielerisch die gelesenen Buchinhalte verarbeiten lassen. Zu jedem Kinderbuch (linke Spalte), das Rust/Schommer in ihrem Handbuch inhaltlich skizzieren und pädagogisch-didaktisch analysieren, geben sie methodische Anregungen für kindliche Aktivitäten (rechte Spalte). Die ganzseitigen Farbillustrationen auf jeder rechten Seite des Handbuches verdeutlichen dies. Es handelt sich durchwegs um allgemein bekannte Titel. Bei aller Berechtigung, den Blick nach vorne zu richten („Was gibt's Neues?"): Vergessen wir nicht die bewährten „alten" Kinderbücher! Manche bleiben in der Tat unsterblich.

Was Kinder mit Büchern alles selbst tun können – Tips von A bis Z

Die folgenden Beispiele von A bis Z stehen exemplarisch für die vielen Möglichkeiten, wie sich Bücher kreativ umsetzen lassen (nach *A. Rust / G. Schommer,* Handbuch zur Leseförderung):

Das Kinderbuch …	*… kann so zur Kreativität anregen:*	
*Die **A**rche Noah* von Masahiro Kasuya (Wittig)	Herstellung einer Arche aus Pappe und (fotokopierten) Tieren zum Anmalen und Ausschneiden; Dialoge der Tiere	A
***B**ist du feige, Willi Wiberg?* von Gunilla Bergström (Oetinger)	Zeichenwettspiel (Willi-Wiberg-Figur) für zwei Gruppen an der Wandtafel; Willi-Wiberg-Aufkleber für die Sieger	B
***C**hristoph will ein Fest* von Mira Lobe/ Winfried Opgenoorth (Jungbrunnen)	Ein Poster der dem Bilderbuch entlehnten 6 Stationen des Tortenständers; Verkleidungen der Kinder oder Instrumentenspiel; Schatzsuche	C
*Die **d**umme Augustine* von Otfried Preußler/ Herbert Lenz (Thienemann)	Bastelbogen mit Augustine-Figur zum Ausschneiden und Anmalen; Kunststück-Vorführungen der Augustine mit Rollenspielen	D

E	***E**ntschuldigung, flüsterte der Riese* von Kirsten Boie / Silke Brix-Henker (Oetinger)	Riesenposter (Gemeinschaftsarbeit), Häuser aus Buntpapier
F	***F**rederick* von Leo Lionni (Middelhauve)	Rätsel als Einstieg; Rollenspiele mit ausgeschnittenen Mäuseohren, Erdnußverstecke suchen; Kinder zum Vortrag von Gedicht, Geschichte, Lied animieren
G	***G**ewittergeschichten für einen Hund* von Gina Ruck-Pauquèt / Waltraut u. Friedel Schmidt (Ravensburger)	Zottelhundbasteln aus Waschlappen; Schmusespiele
H	***H**err von Ribbeck auf Ribbeck im Havelland* von Theodor Fontane / Arend Aghte (Ellermann)	Echte Birnen pflücken und essen oder Herstellen eines Pappe-Baums, mit Stecknadeln ausgeschnittene Papierbirnen befestigen, darauf Reimwörter schreiben
I	***I**n einem Schloss in Schottland lebte einmal ein junges Gespenst* von Franz Hohler / Werner Maurer (Sauerländer)	Rollenspiele: Kinder als Gespenster (verkleidet)

***J**akobs Traum* von Frank Ruprecht (Thienemann)	Puppenspiel, Text stellenweise verändert/gekürzt; per Episkop Figuren aus dem Buch nachzeichnen; Figuren aus Kreppapier, Krähe Jakob als Handpuppe; Rollen Roderichs und Ferdinands auf Kinder verteilt	J
*Die **k**luge Krähe* von Hans Gerhard Berge (Gerstenberg)	Autoren-Lesung mit Vorführung eines Experiments: Wasserspiegel steigt beim Eintauchen von Gegenständen; einige Sachen mit „K" anbieten und auswählen lassen	K
***L**isa und ihr Tannenbaum* von Mary Rahn / Renate Welsh (Ravensburger)	Weihnachtsbaum (echt im Hof oder aus Pappe) mit Papiervögeln schmücken; Singen von Weihnachtsliedern	L
*Der **M**aulwurf Grabowski* von Luis Murschetz (Diogenes)	Rollenspiel: Kinder als Maulwürfe orientieren sich durch Tasten in Stuhllabyrinth; Basteln von Grabekrallen für jeden Maulwurf	M
***N**a warte, sagte Schwarte* von Helme Heine (Middelhauve)	Mitsprechen, Mitsingen des Schweineliedes; „Hochzeit" mit Saft und Keksen auf dem Hof; Verkleiden mit alten Sachen (Brautpaar!)	N
***O**h, wie schön ist Panama* von Janosch (Beltz & Gelberg)	Nachspielen der Reise der beiden Tiere; Panama-Wegweiser aus Pappe; Bananen; Kinderatlas zu Hilfe nehmen; 3 bis 4 Kinder für ein Würfelspiel	O

10.

	Buch	Aktion
P	***P**apa, steh auf!* von Erhard Dietl (Thienemann)	Theaterspielen mit einfachen Requisiten, Souffleuse; echtes Frühstück zubereiten
Q	*Das **q**uiek-fidele Borstentier* von Mira Lobe / Winfried Opgenoorth (Ellermann)	Luftballonflugaktion: Papierschweine in die Luft steigen lassen; Freundschaften anbahnen durch Post (100 km weit; Antwortbriefe, Fotos etc. als Dankeschön); Klassenkorrespondenz
R	*Mausemärchen –* ***R**iesengeschichte* von Annegert Fuchshuber (Thienemann)	„Ein/e Buchbinder/in zeigt, wie man aus selbstgemalten Bildern ein Buch binden kann" (Kinder zeichnen und malen Bilder selbst)
S	***S**wimmy* von Leo Lionni (Middelhauve)	Kinder gestalten Riesenfisch aus lauter kleinen Fischen (ausschneiden, aufkleben; „Swimmy" schwarz), Poster aufhängen
T	*Die **T**raumbäckerin* von Agusti Asensio / Mercé Company (Boje)	Gespräch über Ängste in der Gruppe; teilweise „gemalte" Ängste und Träume; auf Zettel „böse" Träume schreiben, die sich in Kekse „verwandeln"
U	***U**nd was ist hinter dem Hügel?* von Ernst A. Ekker / Hilde Heyduck-Huth (Thienemann)	Auf dem Schulhof wird die Geschichte mit Kreide „nachgemalt"; möglich: Besuch einer Sternwarte
V	*Die **V**ogelhochzeit* von Antje Vogel (Coppenrath)	„Hochzeitsmarsch", Kinder in selbstgeschneiderten und -gebastelten Vogelkostümen; Instrumente; Einbeziehen von Passanten in das Spiel

***W**o die wilden Kerle wohnen* von Maurice Sendak (Diogenes)	Verkleidungsspiel: Kinder als „wilde Kerle" mit selbstgebastelten Masken (kopieren und bemalen)	W
*Der **X**aver und der Wastl* von Heidrun Petrides (Atlantis)	Wir bauen ein Spielhaus (Karton, Papprollen, Buntpapier, Farben) – Erfüllung eines Wunsches („eigenes Reich"); in Gruppen aufgeteilte Gemeinschaftsarbeit	X
*Die **Y**ayas in der Wüste* von Mira Lobe / Angelika Kaufmann (Jungbrunnen)	Gestaltung eines Yaya-Baums, der als „Geschichtenbaum" fungiert; Rollenspiele, Figuren kopieren, dann erzählen	Y
*Der **Z**auberlehrling* von Barbara Hazen / Tomi Ungerer (Diogenes)	Zauberhut mit Sternen und Mond basteln; Bilder des Buches auf Dias oder via Episkop zeigen, dazu Geräusche und Musik auf Kassette (Hörspiel von Kurt Velhake aus Bücherei entleihen); Kinder agieren als Zauberer (Tricks)	Z

10.

Gemeinsam mit den Kindern kann man noch viele eigene Ideen entwickeln ...

Jedes dieser 26 Bücher hat sich als Volltreffer im Hinblick auf seine kreative „Verwertung" durch die Kinder erwiesen. Vom Erzählen über das Rollenspiel bis hin zum Gruppenwürfelspiel und zur Schulhofbodenbemalung sind kindgemäße Aktivitäten durch die Buchinhalte angeregt worden. Ein Allround-Fest ist oft aus einem Bilderbuch erwachsen, zu dem jedes Kunstgenre seinen Beitrag leistete: Literatur, Musik, darstellendes Spiel, bildnerisches Gestalten. Das wird in der Alltagsarbeit eines Kindergartens, einer Grundschule vielleicht nicht immer so perfekt gelingen können, aber als eine Art Ideenkiste können die oben stehenden Anregungen jederzeit dienen, ganz nach dem Motto: „Bücher sind nicht nur zum Lesen da!"

Die Ausbildung von „Kompetenzen" durch den Umgang mit Kinderbüchern begründet einen handlungs- und produktionsorientierten Ansatz

Was die moderne Literaturdidaktik unter dem Stichwort *„handlungs- und produktionsorientiertes Lesen"* fordert (vgl. z. B. Gerhard *Haas;* für die Vor- und Grundschule insbesondere Michael *Sahr),* hat in solchen Aktivitäten seinen Ansatz, ja in den meisten Fällen ist hier bereits die Forderung erfüllt: Laßt die Kinder ihre Literatur „erlebnishaft durchdringen"! Haas führt „Kompetenzen" an, die es (bei ihm allerdings in der Sekundarstufe I) in der Literaturarbeit mit Kindern auszubilden gilt: die *kritische,* die *poetisch-ästhetische,* und schließlich „die *kommunikative* Kompetenz als Summe der Fähigkeiten, einen beliebigen Text sich erschließen zu können". Damit verbunden sind die *emotive* Kompetenz („Gefühle zu zeigen, ästhetische Reize und Geschehnisspannung zu genießen, sich identifikatorisch in Fremdes, Fernes, Neues einzufühlen"), die *kreative* Kompetenz als „Fähigkeit und Möglichkeit, aktiv und kreativ auf solche Erfahrungen zu antworten"), auch die *Projektionskompetenz* („die es dem Leser erlaubt, in literarischen Texten seinen begrenzten Erfahrungs- und Lebenshorizont projektiv zu übersteigen, fiktive Wirklichkeit als Möglichkeit künftigen Seins zu verstehen und daraus Alternativen auch wieder für das Vorfindliche abzuleiten"), und schließlich die *emanzipatorische* Kompetenz: selbsttätig und selbständig, eigenverantwortlich handeln, je nach Fähigkeit und Bereitschaft aber auch mitreden bei der Wahl und Behandlung der Texte (vgl. Haas, S.13).

10.

Auswählen nach der Situation der Kinder – das ist die beste Möglichkeit, „das Richtige“ zu treffen

Die Auswahl der Kinderbücher sollte sich sinnvollerweise ausrichten an

- gerade für das Kind wichtigen Themen, Fragen, Interessen,
- einem Lieblingsbuch eines Kindes,
- aktuellen Situationen, auch in der Gruppe,
- einer/m den Kindern, Lehrern, Eltern oder Erzieherinnen bekannten Kinderbuchautorin oder -autor,
- einem aktuellen Ereignis in der Gemeinde oder Stadt,
- einer Fernsehsendung,
- einem besonderen Beruf, den ein Elternteil eines Kindes ausübt,
- einem Krankheitsfall in der Gruppe/Klasse,
- einer Buchausstellung,
- einer „Buchwoche“ einer Gemeinde/Klasse,
- einer Werbeaktion des Buchhandels oder von Kinderbuchverlagen,
- einer Sage, die in der regionalen Zeitung steht,
- einem Firmen-Preisausschreiben,
- einem Vorlesewettbewerb …

Die Fülle der Kinderbücher, die es gibt, ist für den einzelnen kaum überschaubar. Deshalb sei hier noch auf einige wichtige, regelmäßig erscheinende Kinderbuchverzeichnisse hingewiesen, die von Fachleuten erstellt werden, die von wirtschaftlichen Interessen frei sind:

10.

Institution	Verzeichnis/Liste
Arbeitskreis für Jugendliteratur e.V., München	Das Buch der Jugend Deutscher Jugendliteraturpreis
Basler Jugendschriftenkommission, Basel	Das neue Jugendbuch
Berner Jugendschriften-Kommission, Worb	Bücherbär
Börsenverein des Deutschen Buchhandels e.V., Frankfurt/Main	Buchjournal-Leselotse Das lesende Klassenzimmer
Deutsche Akademie für Kinder- und Jugendliteratur, Volkach	Christliche Kinder- und Jugendbücher Abenteuer, Geschichte, Sachbücher für Kinder
Deutsches Jugendschriftenwerk e.V., Mainz	Bücher-Buchbesprechungsdienst von 3–8
Internationale Jugendbibliothek, München	div. Ausstellungskataloge The White Ravens
Kommission für Kinder- und Jugendliteratur des BuMWVK, Wien	Lesefreude mal 300
Landesarbeitsgemeinschaft Jugend + Literatur Nordrhein-Westfalen e.V., Pulheim	Was soll ich lesen?
Saarländischer Rundfunk, Saarbrücken	SR-Kinder- und Jugendbuchliste
Schweizerischer Bund für Jugendliteratur, Cham	Das Buch – Dein Freund
Sankt Michaelsbund, München	Leben mit Büchern
Stiftung Lesen, Mainz	div. Leseempfehlungslisten
Studien- und Beratungsstelle für Kinder- und Jugendliteratur, Wien	Seitenweise Kinderliteratur
Südwestfunk, Baden-Baden	SWF-Bücher-Dschungel-Liste: 1001 Leseabenteuer für Kinder
Zentralstelle Medien der Deutschen Bischofskonferenz, Bonn	Kath. Kinderbuchpreis – Preisgekrönte Kinder- und Jugendbücher

Die Anschriften und Rufnummern der Institutionen sind aktuell zu entnehmen: „Jugendbuch heute“, Informationen zum Kinder- und Jugendbuch – Verlagsprogramme, Auszeichnungen, wichtige Anschriften, hg. von der avj, z. Zt. Pfizerstr. 5-7, D-70184 Stuttgart.

Wie Klassenlektüre Spaß macht

Überlegt eine Lehrkraft, ein Buch in der Klasse gemeinsam zu lesen, wird sie sich nach getroffener Auswahl (s. o.) fragen, wie sie ihre Kinder wohl am geschicktesten und natürlichsten dazu bringt, das Buch überhaupt zu lesen. Das häppchenweise Miteinander-Lesen ist nervtötend und gängelnd. Lesen als ein persönlicher, fast intimer Dialog des Lesenden mit dem vorliegenden Text, mit den darin auftretenden Personen – dieses Lese-Verständnis ruft nach einer zwar angeregten, aber letztlich eigenständigen Auseinandersetzung mit dem „Ganztext“. Lesetechnische Übungen, Kontrollesen (lautes Lesen zur Überprüfung von Artikulation und Phonem-Graphem-Korrespondenz), auch klanggestaltendes Lesen – an einem Kinderroman, einer künstlerisch illustrierten Kindergeschichte muß das alles nicht stattfinden! Die Textsorten, die dafür wählbar sind, liegen im Bereich der Gebrauchs-Literatur, von der es – von der Waschmaschinenanleitung bis zur Zeitungsnachricht – jede Menge gibt.

Bücher sind nicht dazu da, mit ihnen zu „üben“!

Grundschulkinder zum Lesen eines Kinderromans anregen – aber wie? Darauf gibt es sieben Antworten. Sie sind im folgenden mundgerecht in eine direkte (Lehrer-)Aussage gefaßt. Je ein Buch (aus Kostengründen sind ausnahmslos Taschenbücher gewählt worden) und wenige Stichwörter dürften zur Erläuterung genügen:

Es gibt viele Möglichkeiten, zum Lesen eines ganzen, „langen“ erzählenden Kinderbuches anzuregen

Zum gemeinsamen Lesen eines erzählenden Kinderbuches anregen

Beispiel 1 (ab 9 Jahren)

„Das war der Film. Wie ist das Buch?“
Gemeinsamer Kinobesuch → Buchlektüre
(Videofilm; Fernsehfilm)

Todd Strasser: Der Pagemaster. Richies fantastische Reise
(Heyne TB 9274, München 1996)

Beispiel 2 (ab 7 Jahren)	*„Das war's. Aber es gibt noch mehr von der Sorte."* Lektüre des Buches 1	→	Lektüre des Buches 2 (z. B. andere Indianererzählung)

Ursula Wölfel: Fliegender Stern. Bilder: Katrin Engelking (Ravensburger TB 2002, 1996, Neuausgabe des Klassikers)

Beispiel 3 (ab 9 Jahren)	*„Bis hierher. Lies (Lest) selbst, wie's weitergeht!"* teilweises Vorlesen (durch Lehrer)	→	Buchlektüre (fortgesetzt durch Schüler)

Susanna Tamaro: Der kugelrunde Roberto. Deutsch: Maja Pflug (Diogenes detebe 22844, 1995)

Beispiel 4 (ab 9 Jahren)	*„Stellt euch vor: Mein Lieblingsbuch!"* Buchlektüre (ein Kind)	→	Erzählen, dadurch Motivieren	→	Buchlektüre (mehrere Kinder / ganze Klasse?)

Mensje van Keulen: Herr Ratti. Bilder: Jan Jutte. Deutsch: Waltraud Hüsmert
(Gulliver TB 220, Beltz & Gelberg 1996)

Beispiel 5 (ab 7 Jahren)	*„Warum ich das geschrieben habe, kann ich gerne sagen."* Autor/in des Buches zu Gast / wird angeschrieben	→	Buchlektüre

Ingrid Uebe: Das Geheimnis der kleinen Elisa. Bilder: Tilmann Michalski (dtv junior 70372, dtv 1995)

Beispiel 6 (ab 7 Jahren)	*„Die Bilder sagen doch fast alles."* Bilder (per Overhead- Projektor oder Kopien)	→	Buchlektüre

Rindert Kromhout: Hände hoch! Bilder: Annemarie van Haeringen. Deutsch: Andrea Kluitmann
(Fischer Schatzinsel 80081, S. Fischer 1996)

„Bei mir (uns) war es fast (genau) so wie im Buch!“
Vermittler-Erzählung → Buchlektüre

Beispiel 7
(ab 9 Jahren)

Renate Schoof: Mit Oma am Meer
(tabuphil 51, tabu 1995)

Die nächste Frage: Wie gehe ich mit dem Buch um? Oder genauer: Wie rege ich dazu an, mit dem Buch – entsprechend seiner Gattung, seiner Erzählstruktur, seiner Anregungsqualitäten, seiner didaktischen Valenz – umzugehen?
Hierfür einige Praxisbeispiele. (Die hier ausgewählten Bücher sind alle fest gebundene Ausgaben.)

Noch mehr Wege, aus Büchern einen Gewinn zu ziehen, lassen sich mit etwas Phantasie leicht finden …

Nach gemeinsamer Lektüre das Buch umsetzen

„So lief die Geschichte … – ja, wie denn genau?“
Chronologie des Handlungsablaufs darstellen: Erzählfries, Bildgeschichte, Fotoalbum o.ä.

Beispiel 8
(ab 7 Jahren)

Ghazi Abdel-Qadir: Schamsi und Ali Baba. Bilder: Peter Klaucke
(Nagel & Kimche, 1995)

„Darüber müssen wir (noch) reden!“
Hauptproblem des Buches oder Teilproblem(e) herausgreifen, darüber intensiv Gespräche führen

Beispiel 9
(ab 9 Jahren)

Wilhelm Gruber: Lieber alter Zottel. Bilder: Steffen Walentowitz
(aare, 1996)

„So sagt mein(e)… auch immer!“
Redewendungen, Sprachgewohnheiten, Witze … im Buch finden, herausstellen. Mit eigenem Sprachgebrauch vergleichen.

Beispiel 10
(ab 8 Jahren)

Ali Mitgutsch: Zwiggel, der Zwerg. Bilder vom Autor
(Beltz & Gelberg, 1996)

Beispiel 11
(ab 9 Jahre)

„Die/der sieht genauso aus wie …!"
Zu Gestalten aus dem Buch ähnlich aussehende Figuren aus Katalogen, Prospekten, Zeitschriften suchen; Collage; Textentwürfe dazu/Textkopien aus dem Buch dazu.

Wolf Durian: *Kai aus der Kiste.* Bilder: Charlotte Panowsky (Klopp 1995, Neuausgabe des Kinderbuchklassikers von 1926)

Beispiel 12
(ab 7 Jahren)

„Bei uns/mir war's ganz genauso/ganz anders!"
Kontrast-Erlebnisse zum gelesenen Text erzählen; Übertragen auf eigene Erlebens-Situation.

Paul Maar: Tina und Timmi kennen sich nicht.
Bilder: Julia Wittkamp
(Oetinger, 1995)

Beispiel 13
(ab 8 Jahren)

„Das kann ich auch … (machen/erzählen/malen/schreiben)!"
Ähnliche Text- bzw. Erzählproduktion versuchen.

Ilse Bintig: Die Leierkastenfrau. Uramo erzählt von früher.
Bilder: Sabine Metz
(Bitter, 1995)

Beispiel 14
(ab 8 Jahren)

„Meine Lieblingsszene ist …"
Erzählen, im Rollenspiel darstellen oder dialogisieren einer bevorzugten Szene; Dialoge evt. im Kartontheater spielen.

Anne Fine: Tagebuch einer Killer-Katze. Bilder: Steve Cox.
Deutsch: Barbara Heller
(Diogenes, 1996)

Beispiel 15
(ab 7 Jahren)

„Das fällt mir nur im Traum ein!"
Ein Traumbild malen: So hätte ich in dieser (Text-)Situation gehandelt.

Tino: Der Pirat im Schlafanzug. Bilder vom Autor
(Benziger Edition, 1995)

Beispiel 16
(ab 7 Jahren)

„Komisch war das schon, oder etwa nicht?"
Seltsame/komische/lustige/verrückte Szene herausgreifen; erzählen, malen, spielen ...

Inge Meyer-Dietrich: Morgens, wenn der Wecker kräht.
Bilder: Ulrike Baier
(Benziger Edition, 1995)

Beispiel 17
(ab 8 Jahren)

„Das hätte auch ganz anders ausgehen können ...!"
Eine oder mehrere mögliche Schlußalternative(n) finden, ausschmückend erzählen; malen; schreiben.

Brigitte Schär: Das geht doch nicht! Bilder: Jacky Gleich
(Hanser, 1995)

Schlußbemerkung:

Lieber lesen die Kinder das Buch ein zweites oder gar ein drittes Mal, wenigstens stellenweise, als daß sie jede der zehn hier aufgeführten Möglichkeiten ausschöpfen. Oft erschließt sich ein Teilinhalt erst bei wiederholtem Lesen.
Bitte beachten: Komplexe, zeitraubende Aktivitäten sollen in den ersten drei bis vier Grundschuljahren vermieden werden. (Die Kinder haben noch genug „lesetechnische" Probleme.) Solche komplexen Formen sind z. B.

- eine „Buchrezension" verfassen,
- einen Klappen-, Werbetext formulieren,
- mit einer vorhandenen professionellen Buchkritik vergleichen,
- aus dem Kinderroman eine dramaturgische Szene (Hörspiel) machen.

10.

Sparen wir uns solche Aktivitäten für später auf. Natürlich bitte auch vermeiden, die Kinder den Text ellenlang und bis ins Detail nacherzählen zu lassen.

Vier Funktionen, die eine gemeinsame Buchlektüre erfüllen sollte: h i k i

Wer mit Erstlesern Lektüre betreibt, sollte stets diese vier Funktionen von Lesen in der Gruppe (Klasse) berücksichtigen: Gemeinsame Buchlektüre soll …

- Spaß machen (**h**edonistische Funktion),
- Lernzuwachs bringen (**i**nformatorische Funktion),
- Denken/Phantasie anregen (**k**ognitive/emotive Funktion) und
- Handeln ermöglichen (**i**nteraktive Funktion).

Zusammenfassung

Erzählende Kinderbücher

- regen zu vielerlei Aktivitäten an, gewiß nicht nur zum Lesen und Lernen
- werden – trotz aller Unkenrufe der Neuen-Medien-Manager – ihren unverzichtbaren Wert behalten
- führen Kinder in „literarisches Erleben" ein
- lassen sich in vielfacher Weise gerade in Kindergarten und Grundschule kreativ auswerten
- sollten nicht nur unter den Neuerscheinungen gesucht werden (auch ältere, oft schon „klassische" Titel haben keineswegs an Bedeutung und Aktualität in der Aussage verloren)
- ermöglichen die Ausbildung von Kompetenzen: kritisches, poetisch-ästhetisches, emotives, kreatives, projektives und emanzipatorisches „Lesen"
- sollten situationsbezogen für die konkreten Leser („meiner" Gruppe, „meiner" Klasse …) ausgewählt werden
- werden von Experten in regelmäßig erscheinenden Verzeichnissen empfohlen

Statt eines Nachworts:

Ein Märchen

Es war einmal ein kleiner Junge, der hieß Hannes. Er hatte kurzgeschnittenes honigfarbenes Haar, lange dünne Finger und schmale Schultern, und für seine acht Jahre war er groß. Und weil Hannes seine Bücher viel lieber als Skateboards, ferngelenkte Autos und einen Fußball hatte, nannten ihn bald alle Hannes Lesegern. Sein eigentlicher Nachname war ohnehin unaussprechlich, und die Brille, die Hannes seit Jahren trug, paßte sehr gut zu diesem Nachnamen.

Hannes Lesegern hatte so viel Spaß an seinen Büchern, daß er den ganzen Tag nichts anderes tat, als darin zu blättern. Er blätterte am liebsten in dem dicksten Buch, das er besaß. Das tat er so langsam, daß selbst die Katze, die Hannes beim Blättern zuschaute, indessen einschlief. Hannes brauchte lange für jede einzelne Seite. Er sah sich die bunten Bilder immer und immer wieder ganz genau an, und er las, was darunter oder daneben stand, indem er mit dem Zeigefinger seiner rechten Hand die Zeilen entlangfuhr und mit seinen bebrillten Augen so nah wie möglich an den gedruckten Text heranging. Dabei roch er den Duft des Buches und sog ihn ein, so als ob er auf diese Weise die Textzeilen nicht nur durch die Augen, sondern auch durch die Nase in sich hereinholen wollte.

Hannes las und las, stundenlang. Er vergaß das Trinken und Essen, das Aufsklogehen und Schneuzen, ja selbst die lästige Fliege, die seine Lesehand kitzelte, zu verscheuchen. Höchstens, wenn Hannes einmal in einem seiner Bücher einen rotbackigen Apfel oder eine goldgelbe Birne abgebildet sah, lief ihm das Wasser im Mund zusammen, und er langte, ohne hinzusehen, in das Körbchen auf seinem Lesetisch, um ein Stück Obst herauszunehmen.

Hannes Lesegern besaß sehr viele Bücher, dicke und dünne, fest und flexibel gebundene, kleine Taschenbücher und große Folianten, reich illustrierte und völlig schmucklose Bücher. Die Regale seines Zimmers waren mit Büchern so vollgestellt, daß dazwischen nicht ein einziges Exemplar, auch nicht das schmalste Broschürchen, mehr Platz gehabt hätte.

Eines Nachts, Hannes hatte sehr spät erst das Leselämpchen gelöscht, hatte er einen wunderschönen Traum. Eine hauchzarte, schöne Frau schwebte aus den Bücherregalen und gab Hannes drei Wünsche frei. Sobald er am anderen Morgen aufwachen würde, sollte er den ersten Wunsch aussprechen. Hannes Lesegern sprach in der Frühe gleich den ersten Wunsch aus: „Ein neues Buch!“ Und siehe da: Als er aus dem Badezimmer kam, frisch gewaschen und gekämmt, sah er auf dem Lesetischchen ein neues Buch liegen. Ein so schönes hatte Hannes Lesegern noch nie zuvor gesehen. Es hatte einen silbernen Einband und ein goldenes Lesebändchen, und alle Bilder in dem schönen neuen Buch waren silbern gerahmt. Hannes las in dem Buch den ganzen Tag, bis er vor Müdigkeit spät abends einschlief.

In dieser Nacht hatte Hannes Lesegern das Glück, die hauchzarte, schöne Frau aus den Bücherregalen wiederzusehen, und er durfte erneut einen Wunsch äußern. Ohne sich für die Erfüllung des ersten Wunsches zu bedanken, kam Hannes der zweite Wunsch gleich über die Lippen: „Ein neues Buch!“ – und er fand in aller Frühe auch tatsächlich ein neues Buch auf dem Lesetischchen liegen, eines mit goldenem Einband und silbernem Lesebändchen, und alle Bilder in dem schönen neuen Buch waren golden gerahmt. Hannes las in dem Buch den ganzen Tag, bis er vor Erschöpfung kurz vor Mitternacht einschlief.

Es dauerte nicht lange, da erschien ihm im Traum ein drittes Mal die hauchzarte, schöne Frau und fragte lächelnd Hannes nach einem dritten Wunsch. Sogleich äußerte er seinen dritten Wunsch: „Ein neues Buch!" So gierig war Hannes nach einem neuen Buch, daß er schon gleich aufstehen wollte, um den dritten Wunsch erfüllt zu sehen. Doch diesmal blieb die hauchzarte Frau noch eine kurze Weile in Hannes' Traum stehen. Sie sah Hannes ernst an, doch nicht, ohne ein klein wenig zu lächeln, und sagte: „Auch dein dritter Wunsch soll in Erfüllung gehen."

Hannes Lesegern schlief auf der Stelle ein und erwachte erst am frühen Morgen des nächsten Tages. Erwartungsvoll stürzte er zu seinem Lesetischchen, doch er fand kein Buch, sondern nur einen kleinen Zettel. Hannes setzte sich die Lesebrille auf und las: „Öffne das Fenster!" Hannes Lesegern öffnete das Fenster – und herein strahlte die helle Sonne, die Hannes' Augen weitete, und herein strömte ein Wohlgeruch, den Hannes in vollen Zügen einsog. Ins Zimmer drangen Klänge und Gesänge, Stimmen und Geräusche, die Hannes' Ohren beben ließen. Schmetterlinge und Käfer segelten ans Fenster, die ließen Hannes die Hand ausstrecken und sich weit aus dem Fenster lehnen. Auf seiner Zunge spürte Hannes einen süßen Geschmack, der ihm feiner dünkte als der eines der rotbackigen Äpfel oder einer der goldgelben Birnen, die er in seinen Lesepausen hin und wieder versonnen verzehrte.

Und wenn er nicht ganz dumm ist, unser Hannes Lesegern, dann begreift er die Botschaft, mit der auch sein dritter Wunsch in Erfüllung gegangen war.

Literaturverzeichnis

In das Literaturverzeichnis wurden keine Zeitschriftenbeiträge, sondern nur Bücher aufgenommen, und zwar nicht nur solche, die im Text erwähnt, sondern auch solche, die darin implizit verarbeitet sind. Lange Untertitel sind nicht genannt, um das Verzeichnis nicht unnötig zu überfrachten.

Bücher zur Theorie

Grundfragen

Aebli, Hans: Zwölf Grundformen des Lehrens. Stuttgart: Klett 1983

Baacke, Dieter: Die 6- bis 12jährigen. Weinheim u.a.: Beltz [2]1989

Bamberger, Richard: Jugendlektüre. Wien: Jugend & Volk 1965

Baumgärtner, Alfred Clemens (Hg.): Lesen – Ein Handbuch: V. f. Buchmarktforschung 1973

Bettelheim, Bruno: Kinder brauchen Bücher. Stuttgart: Dva 1982

Brügelmann, Hans: Kinder auf dem Weg zur Schrift. Konstanz: Faude 1983

Doderer, Klaus/Müller, Helmut (Hg): Das Bilderbuch. Weinheim u.a.: Beltz 1973

Freinet, Elise: Erziehung ohne Zwang. Stuttgart: Klett-Cotta 1981

Fritz, Angela / Suess, Alexandra: Lesen. Konstanz: Universitäts-Verlag 1986

Giehrl, Hans E.: Der junge Leser. Donauwörth: Auer [3]1977

Hacker, Hartmut: Vom Kindergarten zur Grundschule. Bad Heilbrunn: Klinkhardt 1992

Jörg, Sabine: Per Knopfdruck durch die Kindheit. Weinheim u.a.: Quadriga 1987

Maier, Karl Ernst: Jugendliteratur. Bad Heilbrunn: Klinkhardt [10]1993

Mattenklott, Gundel: Zauberkreide. Kinderliteratur seit 1945. Stuttgart: Metzler 1989

Pennac, Daniel: Wie ein Roman. Köln: Kiepenheuer & Witsch 1994

Postman, Neil: Wir amüsieren uns zu Tode. Frankfurt: S. Fischer 1985

Preuschoff, Gisela: Von 6 bis 9. Köln: Pahl-Rugenstein 1989

Schaufelberger, Hildegard: Kinder- und Jugendliteratur heute. Freiburg u. a.: Herder 1990

Schorch, Günther (Hg.): Grundlegende Bildung. Bad Heilbrunn: Klinkhardt 1994

Schwerdt, Dirk: Vorschulerziehung. Paderborn: Schöningh 1975

Wittmann, Helmut: Elternhaus, Kindergarten und Grundschule – gemeinsame Erziehungsansätze. München: Oldenbourg 1977

Wittstock, Uwe: Leselust. München: Luchterhand 1995

Einzelfragen

Conrady, Peter (Hg.): Literatur-Erwerb. Frankfurt: dipa 1989

Ewers, Hans-Heino (Hg.): Komik im Kinderbuch. Weinheim: Juventa 1992

Faul-Burbes, Judith: Mit zwei Augen sehen. München: apg 1993

Franz, Kurt / Gärtner, Hans (Hg.): Kinderlyrik zwischen Tradition und Moderne. Baltmannsweiler: Schneider 1996

Gärtner, Hans: Lesenlernen durch Faszination? München: Minerva 1983

Geisler, Ursela: Faktoren der Verständlichkeit von Texten für Kinder. München: Causa 1985

Glogauer, Werner: Die neuen Medien verändern die Kindheit. Weinheim: Dt. Studien V. [2]1993

Grenz, Dagmar (Hg.): Kinderliteratur – Literatur für Erwachsene? München: Fink 1990

Hein-Ressel, Hilke C.: Frühes Lesenlernen als Prophylaxe des Leseversagens? Frankfurt: Lang 1989

Heuß, Gertraud E.: Vorschule des Lesens. München: Oldenbourg [3]1980

Hurrelmann, Bettina (Hg.): Klassiker der Kinder- und Jugendliteratur. Frankfurt: Fischer TB 1995

Krüss, James: Naivität und Kunstverstand. Weinheim u.a.: Beltz 1992

Reger, Harald: Kinderlyrik in der Grundschule. Baltmannsweiler: Päd.V. 1990

Thiele, Jens (Hg.): Neue Erzählformen im Bilderbuch. Oldenburg: Isensee 1991

Bücher zur Praxis

Grundfragen

Bamberger, Richard: Besser lernen? München: Domino 1992

Baumgärtner, Alfred Clemens / Watzke, Oswald: Wege zum Kinder- und Jugendbuch. Donauwörth: Auer 1985

Bergk, Marion / Meiers, Kurt (Hg.): Schulanfang ohne Fibeltrott. Bad Heilbrunn: Klinkhardt 1985

Buchner, Christina: Neues Lesen, Neues Lernen. Südergellersen: Martin 1991

Fährmann, Willi / Dinges, Ottilie: Kinder lernen Bücher lieben. Würzburg: Echter 1977

Franz, Kurt: Kinderlyrik. München: W. Fink 1979

Haas, Gerhard: Handlungs- und produktionsorientierter Literaturunterricht. Hannover: Schroedel 1984

Hartmann, Waltraud u. a. (Red.): Buch – Partner des Kindes. Wien: TR-Verlagsunion [2]1979

Heuß, Gertraud E.: Erstlesen und Erstschreiben. Donauwörth: Auer 1993

Kaminski, Winfred: Einführung in die Kinder- und Jugendliteratur. Weinheim–München: Juventa [3]1994

Kieffer, Eva: Lesen macht Spaß. München: Oldenbourg 1991

Kinderliteratur in der Bundesrepublik Deutschland, hg. v. Arbeitskreis f. Jugendliteratur e.V., München 1983

Oehlmann, Christel: Garantiert erzählen lernen. Ein Übungsbuch. Hamburg: Rowohlt 1995

Radigk, Werner: Lesenlernen. Berlin: Marhold ^{3}1979

Steffens, Wilhelm: Prosaformen der Kinderliteratur. Frankfurt: Hirschgraben 1986

Einzelfragen

Andresen, Ute: Versteh mich nicht so schnell. Gedichte lesen mit Kindern. Weinheim u.a.: Beltz-Quadriga 1992

Arndt, Marga / Singer, Waltraut (Hg.): Das ist der Daumen Knudeldick. Ravensburg: O. Maier 1980

Bunk, Hans-Dieter: ABC-Projekte. Frankfurt: Cornelsen-Scriptor 1995

Daubert, Hannelore / Ewers, Hans-Heino (Hg.): Lesen in der Schule mit dtv junior. Moderner Kinderroman. München: dtv 1996

Dietschi Keller, Ursula: Bilderbücher für Vorschulkinder. Zürich: pro juventute 1995

Ecker, Hans (Hg.): Das Schreib-weiter-Buch. Linz: OLV 1981

Gärtner, Hans (Hg.): Leselöwen Geschichten in der Grundschule. Bindlach: Loewe 1992

Göttler, Hans: Moderne Jugendbücher in der Schule. Baltmannsweiler: Schneider 1993

Grömminger, Arnold: Bilderbücher in Kindergarten und Grundschule. Freiburg: Herder 1977

Grünewald, Dieter: Vom Umgang mit Comics. Berlin: Volk + Wissen 1991

Kustner, Angela: Die Schuldruckerei. Donauwörth: Auer 1995

Mönckeberg, Vilma: Das Märchen und unsere Welt. Düsseldorf-Köln: Diederichs 1972

Nitsch, Cornelia: Lirum Larum Fingerspiel. München: Mosaik 1994

Oberhuemer, Pamela u.a.: Kind und Bilderbuch. Freiburg u.a.: Herder 1988

Payrhuber, Franz-Josef u.a.: Schreiben lernen. Köln: Dürr + Keßler 1996

Pertler, Cordula / Pertler, Reinhold: Kinder erleben Märchen. München: Don Bosco 1995

Röhner, Charlotte: Authentisch Schreiben und Lesen lernen. Weinheim u.a.: Beltz 1995

Rust, Angelika / Schommer, Gabriele / Hoyer, Beate: Von A bis Z. Ein Handbuch zur Leseförderung. Neumünster: Stadtbücherei 1991

Sahr, Michael: Ein Kinderbuchprojekt. Regensburg: Wolf 1991

Sahr, Michael: Um der Kinder und Märchen willen! Kallmünz: Laßleben 1995

Sahr, Michael / Schlund, Angela: Das Bilderbuch in der Grundschule. Regensburg: Wolf 1992

Verweyen, Annemarie (Hg.): Bilderbücher. Köln: Rheinland 1980

Watzke, Oswald: Gedichte für die Grundschule. Donauwörth: Auer 1991

Quellennachweis

S. 13: aus: Wolfgang de Haën: WAS IST DA PASSIERT? © by Ravensburger Buchverlag 1977

S. 16: aus: WER IST MEIN FREUND? von Marcus Pfister, © 1986 Nord-Süd Verlag AG, Gossau Zürich/Schweiz

S. 19: aus: Reinhard Michl / Jutta Langreuter: DER MAULBÄR, © ars edition, München 1987

S. 25: aus: DER ROTE BALL von Matthias Karl, illustriert von Gaby van Emmerich, © 1993 Michael Neugebauer Verlag AG, Gossau Zürich/Schweiz

S. 28: Bruno Horst Bull, Die Verse für meinen Zottelbär (aus: Verskinder, München 1966), © by the author

S. 31: aus: Marga Arndt / Waltraut Singer: DAS IST DER DAUMEN KNUDELDICK, © by Ravensburger Buchverlag 1980

S. 34: aus: „Sitzt ein Zwerg auf dem Berg“ von Christa Zeuch; copyright 1993 Edition Bücherbär im Arena Verlag Würzburg

S. 35: aus: Leselöwen-Zählgeschichten, © 1994 by Loewe Verlag GmbH, Bindlach

S. 37 f.: Wolf Erlbruch, Zehn grüne Heringe, © 1995 Carl Hanser Verlag München Wien

S. 45 f.: Otfried Preußler, Ich bin ein Geschichtenerzähler. Originalbeitrag, © bei OP

S. 49: aus: Ursula Wölfel, 27 SUPPENGESCHICHTEN, © K. Thienemanns Verlag, Stuttgart-Wien-Bern

S. 63: aus: Annette Herzel / Helmut Kunze, Geister-ABC, Neuer Breitschopf Verlag, Wien 1991

S. 70: aus: Leselöwen-Rätselgeschichten, © 1995 by Loewe Verlag GmbH, Bindlach

S. 99: Titelbild von: Max Bolliger / Vlasta Baránková, Bim, Bam Bum und das Bärenbrot, bohem press 1994

S. 103: Titelbild von: Heinz Janisch / Gabriele Kernke, BENNI UND DIE SIEBEN LÖWEN, Annette Betz Verlag, Wien 1995

S. 107: Simone Klages, Ede und der Weihnachtsriese. Umschlagbild von Simone Klages, © 1995 Deutscher Taschenbuch Verlag, München

S. 111: Titelbild von: Wolf Erlbruch, Frau Meier, die Amsel, © Peter Hammer Verlag Wuppertal, 1995

S. 117: „Wir sind schon so lange befreundet“, © Ursula Asher-Winzentzen (aus: Uwe Wandrey, Quatsch, rororo rotfuchs 66, S. 45)

S. 118: aus: Aspekte der gemalten Welt, hg. von A. C. Baumgärtner, Julius Beltz 1968, S. 101 (A. und M. Provensen)

S. 119: © Reinhard Michl (aus: spielen und lernen. Jahrbuch '85, Velber 1984, S. 24)

S. 120: © Erhard Dietl (aus: spielen und lernen. Jahrbuch '83, Velber 1982, S. 24)

S. 121: Sigrid Hanck (aus: BilderBuch Nummer 1, Auswahl von Hans-Joachim Gelberg, Beltz & Gelberg 1973, S. 27)

S. 122: Hans Firzlaff (aus: Uwe Wandrey, Quatsch, rororo rotfuchs 66, S. 105)

S. 123: aus: ANNE WILL EIN ZWILLING WERDEN von Paul Maar, © Verlag Friedrich Oetinger, Hamburg 1982

S. 124: Sabine Lohf (aus: spielen und lernen. Jahrbuch '83, Velber 1982, S. 92)

S. 125: „Schnelefon, Stamifel & Schraburke“ von Franz Winzentzen (aus: Uwe Wandrey, Quatsch, rororo rotfuchs 66, S. 48 f.)

S. 128–130: aus: Hans Gärtner / Jörg Plannerer: TYPISCH ANGIE! St. Michaelsbund, München 1995

Nicht bei allen Abbildungen und Texten konnten die Urheberrechte abgegolten werden. Wir bitten die Rechtsinhaber, sich mit dem Verlag in Verbindung zu setzen.